Le droit des enfants

Collection
« Les petites conférences »
dirigée par Gilberte Tsaï

Jean-Pierre Rosenczveig

Le droit des enfants

bayard

ISBN : 978-2-227-48233-3

18, rue Barbès, 92128 Montrouge cedex

Entre 1929 et 1932, Walter Benjamin rédigea pour la radio allemande des émissions destinées à la jeunesse. Récits, causeries, conférences, elles ont été réunies plus tard sous le titre de Lumières pour enfants.

Gilberte Tsaï a décidé de reprendre ce titre pour désigner les « petites conférences » qu'elle organise chaque saison et qui s'adressent aux enfants (à partir de dix ans) comme à ceux qui les accompagnent. À chaque fois, il n'est question que d'éclairer, d'éveiller. Ulysse, la nuit étoilée, les dieux, les mots, les images, la guerre, Galilée... les thèmes n'ont pas de limites mais il y a une règle du jeu, qui est que les orateurs s'adressent effectivement aux enfants, et qu'ils le fassent hors des sentiers battus, dans un mouvement d'amitié traversant les générations.

Comme l'expérience a pris, l'idée est venue tout naturellement de transformer ces aventures orales en petits livres. Telle est la raison d'être de cette collection.

Je suis magistrat, c'est-à-dire un fonctionnaire du ministère de la justice appelé à exercer certaines fonctions d'autorité. Un *statut spécial* nous est accordé afin que nous puissions en toute liberté et à l'abri de toutes pressions ou sollicitations, rendre la justice, défendre les droits et libertés des gens, protéger la société. Au cours de sa carrière, un magistrat peut être appelé à exercer différentes fonctions : procureur de la République, juge civil ou pénal, juge d'instruction, juge de l'application des peines, etc.

Moi, je suis juge pour enfants à Bobigny où je m'occupe aussi bien d'enfants en danger que de délinquants. Depuis mon entrée dans la magistrature, j'ai toujours occupé cette fonction qui, au demeurant, est passionnante. Beaucoup de jeunes ont la vocation d'être juge des enfants. Il ne faut pas qu'ils oublient qu'avant d'être juge des enfants, on est d'abord magistrat, avec toutes les obligations et sujétions inhérentes à ce statut. On peut ainsi être appelé dans sa carrière à exercer d'autres fonctions que juge des enfants. Nombreux sont ceux qui ne font qu'un court passage dans ces fonctions alors même qu'ils se sont battus pour les exercer parce qu'ils découvrent finalement qu'elles sont trop difficiles à tenir.

Je suis non seulement juge des enfants, mais je préside le tribunal pour enfants de Bobigny qui s'avère être le plus important de France avec 7 substituts, 14 juges des enfants et une trentaine de fonctionnaires de greffe. On parle régulièrement de ce tribunal dans les médias. Non pas tant parce qu'il y a des scandales mais parce que nous sommes adossés à un département (la Seine-Saint-Denis) considéré comme particulièrement sensible compte tenu de la composition de sa population. Ce n'est pourtant pas parce que les faits y seraient plus graves qu'ailleurs, mais simplement parce que c'est le seul tribunal de ce département pour un million quatre cent mille habitants, ce qui en fait le plus gros tribunal de France. Pour votre information, j'ajouterai qu'il existe 145 tribunaux pour enfants en France et 450 juges des enfants. Il est vrai que, de temps en temps, certaines affaires défraient la chronique, comme le drame de Clichy-sous-Bois à l'origine des « émeutes » de 2005 ou, il y a déjà plus longtemps, le procès de Bobigny sur l'avortement qui a fait basculer notre législation sur l'interruption volontaire de grossesse.

J'ai donc un discours de praticien puisque je rencontre tous les jours des enfants et des familles en difficulté ou qui posent des problèmes aux autres. En outre, je suis militant, engagé sur le thème des droits de l'Homme ou plutôt des droits des humains, si l'on veut adopter une formulation plus respectueuse envers les femmes. Je préside le Bureau international des droits de l'enfant qui est installé à Montréal ainsi que la section française de Défense des Enfants International, organisme reconnu comme expert n° 1 auprès de l'ONU et qui a contribué singulièrement à l'écriture de la Convention des Nations unies sur les droits de l'enfant. Cette section française veille à ce que les termes de la Convention soient respectés par la France. Ce qui n'est pas une mince affaire. J'ai eu l'occasion, en dehors de la magistrature, de faire progresser les lois relatives à l'enfance et à la famille de ce pays, de développer des programmes sur les violences faites aux enfants ou de monter des dispositifs comme les opérations « anti été chauds » dont le but est de limiter les difficultés durant la période estivale.

L'expérience acquise avec le port de ces différentes casquettes m'amène à tenir à la fois le discours d'un homme de terrain, celui d'un responsable public, et celui d'une personne engagée. Je ne prétends pas dire la vérité, mais *ma* vérité sans revendiquer la neutralité et l'impartialité. Certains magistrats prétendent être neutres et impartiaux, moi, je ne le prétends pas. Dans ma pratique judiciaire, c'est autre chose : mes convictions personnelles s'effacent derrière les règles du jeu de la justice. En tout cas, vous l'aurez compris, j'ai un parcours assez original consacré sous des formes diverses à la promotion des droits des enfants. Je vais donc, maintenant, essayer de répondre à la question posée qui est de savoir si les enfants ont des droits dans un pays comme le nôtre. Quels sont-ils en théorie, mais aussi en pratique ? Où en sommes-nous en France ?

Une question dépassée ?

Au risque de choquer, je dois vous dire que cette question n'est pas, n'est plus un sujet d'actualité. Il y a encore quelques années, tout le monde parlait des droits des enfants. Une dynamique existait. Régulièrement de nouvelles avancées étaient enregistrées. Ce temps-là est révolu. La prise en compte des droits de l'enfant s'estompe en France comme dans le monde. On peut même craindre que la crise financière que nous traversons n'ait des conséquences dramatiques pour quantité d'enfants.

Au lendemain de la Seconde Guerre mondiale et surtout de la crise économique des années 60, la communauté internationale s'est enfin mobilisée. Un traité multinational a même été adopté le 20 novembre 1989 par l'ONU, la Convention internationale des droits de l'enfant, qui vise à affirmer et à garantir ces droits dans le monde. Cette convention a maintenant vingt ans et elle semble s'imposer. Songez qu'il aura fallu mener un combat sur un siècle pour qu'enfin existe un texte, une loi applicable à l'ensemble de la planète, qui reconnaisse les enfants dans leurs droits et, plus encore, qui soit contraignant pour les États. Bien sûr, la Déclaration des droits de l'homme de 1789 refusait toute discrimination entre les individus par référence à l'âge, au sexe ou à la couleur de peau. De même la Déclaration de 1948 de l'ONU visait tous les individus sans distinction, mais pas spécialement les enfants. De nombreux juristes avançaient même que le fait de s'intéresser particulièrement à une catégorie de personnes (les femmes, les enfants, les personnes handicapées, etc.) aurait affaibli l'idée de droits de l'homme. Résultat dans les mentalités et dans les faits : les droits de l'Homme commençaient à l'âge de dix-huit ans.

Pourtant le combat s'était engagé dès la fin du XIXe siècle. En 1923, au lendemain de la Grande Guerre, à l'initiative de militants anglais, la Société des Nations, ancêtre de l'ONU avait adopté une déclaration très courte sur les droits de l'enfant. Puis, au lendemain de la Seconde Guerre mondiale, le 20 novembre 1959, l'ONU avait adopté sa déclaration. Mais ces déclarations se sont avérées n'être que des « chiffons de papier », des pétitions de principe, qui n'engageaient pas les États-membres de l'organisation internationale. Jusqu'en 1980, il devait exister environ quatre-vingts textes abordant ce sujet. Les signataires de l'un n'étaient pas nécessairement les signataires de l'autre. Certains États ratifiaient[1] tel texte, d'autres se contentaient de le signer, la multiplication des réserves posées par chaque état faisait un ensemble juridique d'une complexité effroyable au détriment du droit des enfants.

Il fallait un traité unique. Il fallait aussi que ce texte soit contraignant. Ce combat s'est achevé dans la dernière partie du xxe siècle. Ce grand moment de mobilisation mondiale entendait répondre au constat de régression du statut fait aux enfants, observée dans le monde entier, conséquence de la crise économique et sociale des années 1960-1970. Dans nombre de pays les budgets sociaux et le budget éducation avaient été amputés de quasiment 50 %. Il fallait réagir : on déclara 1979 Année internationale de l'Enfance.

1. En signant un traité le gouvernement marque son intérêt pour un texte ; en le ratifiant il démontre qu'il a tout fait pour que ce texte international entre en application dans le pays. En France il faut avoir obtenu l'accord du parlement pour une loi autorisant la ratification puis il faut avoir publié ce traité et la loi au Journal Officiel de la République. Un traité signé mais pas ratifié n'a pas force de loi.

Le créneau s'ouvrait enfin pour une convention internationale. Il a fallu encore 10 ans de labeur à l'ONU pour avancer un texte qui ait quelque chance d'être adopté par une communauté internationale aux composantes aussi diverses. Les ONG mondiales furent mobilisées. D'indispensables compromis s'imposaient. Il ne fallait pas se mettre à dos le Vatican sur la délicate question de la vie : ne pas interdire l'interruption volontaire de grossesse et en même temps consacrer le droit de l'enfant à vivre. Il fallait consacrer le droit à l'éducation sans interdire le travail des enfants ; interdire l'engagement des enfants dans les conflits armés tout en constatant que de nombreuses armées publiques ou civiles mobilisent de jeunes personnes, etc. L'exercice n'était pas facile, le combat s'est poursuivi pendant dix ans. Enfin, le 20 novembre 1989, à la date symbolique du Bicentenaire de la Déclaration de 1789, la Convention internationale était enfin adoptée à l'unanimité par l'assemblée générale de l'ONU et ouverte à la signature.

On s'en réjouira même si ce texte signe en fait l'échec des droits de l'Homme de par le monde : les militants des droits de l'homme ont pris le biais des droits des enfants auxquels l'opinion est plus sensible pour relancer la bataille.

Un texte unique et contraignant : le résultat a été atteint. Presque tous les États du monde – 187 sur 189 – l'ont signé. La France qui avait beaucoup œuvré pour que ce projet soit mené à bien et entendait être dans les premiers États signataires n'est arrivée qu'en 23e position, mais, lot de consolation, premier des États-membres de l'Union Européenne. Aujourd'hui, seuls, deux états n'ont pas encore signé la convention :

– la Somalie car depuis 1993 ce pays n'a pas de gouvernement ;

– les États-Unis. C'est surprenant puisque ce pays se veut le gendarme du monde et a la prétention d'être la patrie des droits de l'homme. Il faut savoir que les États-Unis ne signent jamais aucune convention internationale tout en invitant les autres

États à le faire. En 1989, ils appliquaient encore la peine de mort aux enfants. On sait aujourd'hui que cette hypothèque est levée ; pourtant la ratification n'est toujours pas à l'ordre du jour. D'ailleurs, les USA ne souhaitent pas que la convention des droits de l'enfant devienne la référence internationale.

Une conception révolutionnaire de l'enfant

La Convention des Nations Unies sur les droits de l'enfant consacre une toute nouvelle conception de l'enfant. Jusqu'alors on considérait que l'enfant était un être fragile qu'il fallait protéger contre lui-même, contre autrui, contre les accidents de la vie. Avec la Convention une révolution est introduite : l'enfant est une personne – pour reprendre l'expression de Françoise Dolto – et, à ce titre, doit se voir reconnaître tous les droits de la personne : les droits humains fondamentaux, comme la liberté de pensée et de conscience, la liberté d'expression individuelle et collective. L'enfant a une pensée, des affects et des sentiments ; il prend part à l'orientation de sa vie et peut prendre des décisions le concernant même s'il ne jouit pas d'une pleine capacité de décision. Il doit pouvoir exprimer son opinion sur tout ce qui le concerne et cette opinion doit être prise en compte. Il s'agit d'une évolution radicale de la conception que la société se fait de l'enfant. Grâce aux ONG, les rédacteurs de la convention sont allés au-delà même du mandat qui leur avait été donné en 1979. Je rappelle qu'on désigne comme enfant une personne de moins de 18 ans. Des étapes progressives sont définies entre le bébé et l'adulte. Notre droit français distingue le fœtus, le bébé, l'enfant de 7-8 ans qui a le discernement, l'enfant de 13 ans qui peut être puni, l'enfant de 16 ans qui peut se voir retirer l'excuse atténuante de minorité s'il commet une faute. Sans compter d'autres seuils d'âge : par exemple 14 ans pour le permis de chasse ou le fait de piloter un avion.

En outre, si la Convention reconnaît à l'enfant tous les droits humains de base, elle estime que sa condition d'enfant lui donne des droits renforcés (par exemple, l'accès aux soins ou à l'éducation) et des droits spécifiques (par exemple, le droit d'être élevé par ses parents).

La France respecte-t-elle ses engagements et agit-elle en conformité avec la Convention internationale qu'elle a intégrée dans son droit ? On peut en douter quand on voit ce qui se joue actuellement pour les enfants en France. De façon régulière, et encore tout dernièrement, le 10 juin 2008, le Comité d'Experts sur les droits de l'enfant installé à l'ONU, à Genève, a fait remarquer à la France (qui donne dans le monde des leçons de droits de l'Homme... et de l'enfant) qu'elle pourrait être un peu plus vigilante quant à l'application de la Convention. Nous avons été critiqués deux fois de suite en ce qui concerne l'évolution du droit pénal des enfants auteurs d'infractions. Ce même Comité a demandé à la

France de mieux utiliser son Défenseur des enfants en le mobilisant plus régulièrement. On sait quelle réponse a été donnée par la France aux experts de l'ONU quelques mois plus tard : le Défenseur des enfants sera supprimé ! Les enfants étrangers, l'âge du mariage, la condamnation du port du voile à l'école, les enfants porteurs de handicaps, la politique de protection de l'enfance en danger, ont aussi fait l'objet de critiques ou d'interrogations plus ou moins sévères. La France ne joue pas vraiment le jeu de la Convention.

On pourrait se laisser décourager par ce constat, mais il ne faut pas baisser les bras. La bataille pour les droits humains est un combat permanent, avec ses avancées et ses déceptions : nous luttons pour obtenir des lois, puis de nouveau nous combattons pour les faire appliquer, et les faire évoluer petit à petit. En France, cela dure au moins depuis deux siècles. Reste que la Convention tient aujourd'hui une place majeure dans notre dispositif « droits de l'enfant ». La boîte à malices n'a pas encore livré tous ses secrets et concrétisé toutes ses potentialités. Il suffit de lire ou relire ce texte pour s'en convaincre. En tout cas plus aucun texte de loi concernant les enfants n'est désormais voté sans référence à la Convention.

Des droits ou des devoirs ?

Depuis quelques années, nous avons plutôt tendance à dire que les enfants ont des devoirs avant d'avoir des droits. Certains pensent qu'en reconnaissant des droits aux enfants, on casse l'autorité des adultes et favorise la montée de la violence ! Pour eux, dès lors que les enfants ont des droits, la société n'est plus protégée : les jeunes commettent des délits, ils n'ont plus aucun respect pour la loi, leurs parents, les enseignants ou les policiers. Les tenants de cette thèse ont violemment dénoncé ce que l'on appelle le *« droit de l'hommisme »*. Selon moi au contraire, c'est bien parce que nous reconnaissons leurs droits individuels et collectifs aux personnes qu'elles respectent les règles du jeu commun. C'est en étant reconnu comme sujet que chacun d'entre nous a le sentiment d'être et de faire partie d'un groupe (la famille, l'école, la société, etc.). Et c'est parce que la loi m'est bénéfique que je vais la respecter. En revanche, des règles que l'on tient pour injustes ou non bénéfiques sont combattues ou tout simplement violées. Force est de constater que pour nombre de jeunes trop de règles sont injustes.

Nous sommes actuellement dans une période de restriction des droits pour réagir nous dit-on à un laisser-aller nuisible. À y regarder de près, pas une journée ne passe sans que l'on apprenne une nouvelle restriction dans tel ou tel domaine, une atteinte à tel ou tel droit. Par exemple, pendant l'été, certains ont une nouvelle fois émis l'idée de retirer les allocations familiales aux parents dont les enfants ne vont pas à l'école. Dans le même temps, nous assistons sur l'ensemble du territoire national, et spécialement en

Seine-Saint-Denis, au démantèlement de « camps » des familles roms et au rapatriement, pour ne pas dire l'expulsion, de parents et d'enfants vers la Roumanie ou la Bulgarie. Cette démarche offensive contre ceux qui troubleraient l'ordre public rejoint les règles qui sont votées régulièrement afin de répondre au problème posé par l'enfance délinquante. Il est vrai que la délinquance juvénile augmente en quantité et surtout est de plus en plus violente. En réaction, depuis 15 ans on pratique le renforcement des instruments répressifs envers les jeunes délinquants en oubliant la prévention de la délinquance. Répression, prévention, il ne s'agit pas de choisir l'une au détriment de l'autre, mais de mener les deux de front avec le souci de donner de l'espoir et des perspectives aux jeunes concernés.

Nombreux sont ceux qui pensent encore que les enfants doivent commencer par apprendre leurs devoirs. S'ils respectent leurs devoirs, alors on pourra leur expliquer leurs droits. En vérité il faut inverser totalement l'ordre des choses : des droits que nous avons et de la personnalité qui nous est reconnue découlent un certain nombre de responsabilités. Si on ne respecte pas une personne, comment peut-on lui demander de prendre en compte les règles du jeu ? Et puis, disons-le tout net, tous les droits ne sont pas gagés par des devoirs. Il est des droits fondamentaux qui n'ont pas de contrepartie. Celui qui demande la charité et la reçoit n'a pas l'obligation de dire merci. Simplement la politesse veut qu'il le fasse. La femme qui croise dans la rue un homme qui ne l'agresse pas sexuellement n'a pas à le remercier. C'est un droit fondamental de tout individu, homme comme femme, d'être respecté dans sa dignité, dans son intégrité physique et sexuelle. Le débat sur les droits des enfants n'est pas uniquement juridique ; il soulève des problèmes philosophiques et politiques majeurs et touche à de grandes questions de société : le statut des femmes, la définition de la personne humaine, les politiques sociales, la démocratie au quotidien...

Alors les enfants ont-ils des droits en France ?

Ils en ont plus qu'ils ne le croient et que les adultes ne le pensent. Je ne peux pas me livrer ici à un catalogue exhaustif de l'état des droits reconnus à l'enfant. Je ne prendrai donc que quelques exemples.

Tout enfant de moins de 18 ans a droit à disposer d'une identité, d'un nom et un prénom. Il a le droit de n'être pas maltraité et, j'y reviendrai, l'enfant a le droit de porter plainte ou de demander du secours à un juge des enfants.

Il a le droit à une vie familiale, à connaître ses parents et à être élevé par eux. En cas de défaillance parentale majeure tout enfant délaissé a le droit de s'inscrire dans une nouvelle famille par l'adoption. L'adoption, dans ses deux formules – adoption simple ou adoption plénière – crée un nouveau lien de filiation avec les adultes qui accueillent l'enfant parmi eux. Dans un cas il s'agit d'une filiation qui s'ajoute à la précédente, dans le deuxième cas qui la remplace. Depuis 1984 peu importe que l'enfant adopté soit ou non en bonne santé : tout enfant même handicapé peut faire l'objet d'un projet d'adoption.

Tout mineur d'âge a aussi le droit d'être parent et on sait que chaque année en France 6 000 jeunes femmes accouchent qui n'ont pas 18 ans.

Un mineur d'âge ne peut pas demander à être émancipé c'est-à-dire à être déclaré majeur avant l'âge. Seuls ses parents peuvent prendre cette initiative, mais son accord sera demandé. Il ne s'agit pas bien entendu pour les parents de vouloir s'en débarrasser parce qu'il serait trop remuant ou trop dispendieux, mais de démontrer que, du fait de sa personnalité, il a la maturité pour exercer les actes de la vie quotidienne. Même émancipé, il ne pourra pas exercer un commerce et il n'acquiert pas le droit de vote.

Sur le terrain des libertés politiques, il peut créer des associations, s'exprimer, manifester, participer à des « journaux » lycéens et autres fanzines; il a le droit d'être défendu en justice par un avocat s'il est poursuivi; il peut adhérer à un syndicat dès 16 ans, dès qu'il a l'âge de travailler. En revanche, le droit de vote est fixé à 18 ans. Il peut participer à des conseils municipaux ou conseils généraux d'enfants, mais ces instances n'ont aucune existence juridique.

Un enfant peut bénéficier de prestations sociales: en théorie les allocations familiales lui sont dues même si elles sont perçues par ses parents. Il a le droit d'accéder aux soins, de bénéficier d'une éducation spécialisée s'il est handicapé. Il peut accéder à la contraception d'une manière libre, gratuite et anonyme.

La loi garantit à tout enfant le droit à une scolarité, y compris à son domicile sous certaines conditions et ces conditions sont devenues très strictes en raison du vote récent de plusieurs lois destinées à lutter contre les mouvements sectaires. Jusqu'à 16 ans, la scolarisation – et non pas la fréquentation d'une école – est obligatoire. Les enfants porteurs de handicap se sont même vus reconnaître un droit opposable à être scolarisés.

Avoir un droit et exercer un droit

Il faut bien avoir en tête la distinction fondamentale qu'il y a entre avoir un droit et exercer ce droit. Les femmes en savent quelque chose, elles qui deux siècles durant avaient des droits et étaient reconnues capables de contracter un mariage dès l'âge de 15 ans – désormais c'est 18 ans – Elles avaient une personnalité juridique le temps de se marier, mais à peine avaient-elles prononcé le « OUI « sacramental, elles devenaient de petits êtres fragiles qu'il fallait protéger contre elles-mêmes. En droit, on disait que la femme mariée était une incapable. Son époux et maître gérait sa personne et ses biens, et les « biens » communs qu'étaient les enfants : il était le chef de famille. La femme mariée appartenait à son époux et l'enfant à ses parents.

L'enfant était l'autre grand incapable de notre droit. Il a fallu attendre 1985 pour qu'on parle d'exercice conjoint de l'autorité parentale entre époux. Les choses n'ont véritablement changé en droit français qu'à la fin du XXe siècle alors que depuis la fin de la Première Guerre mondiale, il était devenu évident que jamais plus les femmes ne devraient être soumises au pouvoir des hommes, et en particulier de leur mari.

L'enfant a souvent des droits qu'il ne peut exercer qu'à travers ses parents ou un tuteur qui le représentent ou l'assistent dans ces droits. Cependant, pour une minorité de droits certes, mais des droits importants, il peut agir seul sans avoir à demander d'autorisation ou sans être représenté. Ainsi il peut saisir un juge pour demander à être protégé, il peut porter plainte, il peut accéder à la contraception. Il peut même interdire à son médecin de parler de son état de santé à ses parents sauf s'il y a danger vital. Je dois ici rappeler une donnée fondamentale : au sens de la loi française et de la Convention internationale, est considéré comme enfant toute personne qui a moins de dix-huit ans. La majorité pénale est à 18 ans depuis 1906 et la majorité civile est passée de 21 à 18 ans en 1974. Quand, dans mon cabinet, je dis à des jeunes de seize ou dix-sept ans qu'ils sont des enfants, ils sautent au plafond. Bien évidemment, on ne traite pas de la même manière le bébé et le jeune homme de dix-sept ans et onze mois qui va bientôt acquérir le droit de vote. Il existe des seuils d'âge (7/8 ans, 13 ans, 16 ans, etc.) reconnus par la loi qui permettent de graduer un peu les choses.

Il existe plusieurs manières de parler du droit des enfants

Jusqu'à présent, nous avions connu deux manières d'aborder ce sujet mais il en existe aujourd'hui une troisième. **La première** consistait à dire que nous disposons du **droit à avoir un ou des enfants.** « L'enfant m'appartient tout comme la femme m'appartient », disait le mari. D'ailleurs, les mots sont significatifs : on demande « combien as-tu d'enfants ? » et non « combien de fois es-tu parent ? ». Être et avoir.

Être est un statut, une position sociale, « je suis père », « tu es mère », alors que nous utilisons le mot « avoir » pour dire combien d'enfants nous possédons. Ce débat n'est pas clos, au contraire, il ressurgit avec les procréations artificielles : on attend des médecins qu'ils fabriquent des enfants à ceux qui sont stériles et ne peuvent pas en avoir. C'est également tout le débat sur l'adoption pour les couples homosexuels qui demandent qu'on leur garantisse le droit d'avoir des enfants soit par l'adoption, soit par les techniques médicales. Avec les travaux de Françoise Dolto, nous avons pris conscience qu'un enfant n'est pas un objet, mais une personne. Cette idée que l'enfant doit être respecté pour lui-même est contredite par cette vieille conception de l'enfant, objet de désir, un bien – dans tous les sens du terme – qui appartient aux parents.

La deuxième, liée à la première consiste à prétendre **avoir des droits sur l'enfant**. Puisque l'enfant appartient aux parents, ils peuvent en faire ce qu'ils veulent, et même, pourquoi pas, le tuer. C'est tout le débat sur l'infanticide. À l'époque romaine, le père de famille prenait le bébé qui venait de naître dans ses bras et le soulevait très haut afin de le montrer à tout le monde. Ainsi, il reconnaissait que cet enfant était le sien et qu'il avait le droit de vivre. S'il le laissait par terre, sans s'en préoccuper, l'enfant mourait. Élever un enfant, le soulever du sol pour le montrer aux autres, c'était le revendiquer. Jusqu'au IVe siècle en France, les parents avaient un droit de vie et de mort sur leur enfant. Et jusqu'à une période récente, il était admis que le père avait un « droit sexuel » sur sa fille. Il a fallu des siècles et des siècles avant de réduire ce pouvoir que les adultes exerçaient sur les enfants. Là encore, la comparaison avec le statut fait aux femmes est intéressante. Jusqu'en 1995, date d'une décision de la Cour de Cassation il n'existait pas de viol entre époux. La femme mariée appartenait à l'homme qui exerçait son pouvoir sur elle. La loi n'est venue consacrer cette jurisprudence qu'en 2005. Désormais le mariage ne dispense pas l'époux de « solliciter » l'accord de l'autre pour avoir une relation sexuelle avec lui. Ceci nous amène au débat sur l'enfance maltraitée. En tant que juge – même si les choses ont changé en trente ans –, j'ai entendu des pères m'affirmer qu'ils avaient le droit de battre leur enfant – garçon ou fille – parce qu'il leur appartient. Ces parents pensent que nous n'avons pas le droit de les empêcher d'être autoritaires, voire violents envers leur enfant. Lorsqu'on leur dit qu'ils n'ont pas le droit de battre leur enfant, ils ont l'impression de ne plus en être les parents. Ils confondent autorité et violence.

La troisième approche, plus moderne, soutenue par Françoise Dolto, psychiatre pour enfants, et bien d'autres en France comme à l'étranger veut que l'enfant soit une personne et existe en tant que telle, on parle alors **des droits de l'enfant**. L'enfant se voit reconnaître tous *les droits de l'homme en général*. Mieux il dispose de *droits spécifiques* comme celui d'être élevé par ses parents et dans la mesure où ses besoins sont spécifiques, *de droits renforcés* comme le droit d'accéder à des soins ou le droit à l'éducation. Il est évident que si un nouveau-né ne reçoit pas des soins spécifiques, il ne pourra pas survivre et se développer. De même tout individu même majeur a le droit permanent d'accéder à l'éducation, mais ce droit est essentiel pour l'enfant. Cette approche de l'enfant sujet de droit, pouvant même être l'acteur de ses propres droits, a été consacrée par la Convention internationale sur les droits de l'enfant du 20 novembre 1989. Par exemple, comme toute personne, l'enfant a le droit d'être respecté dans son intimité et dans son corps. Personne n'a le droit de le violenter sur le plan psychologique, ni de le perturber. À la fin du XIXe siècle et au début du XXe, est apparue l'idée selon laquelle il fallait quand même le protéger un peu plus du fait de sa vulnérabilité. Cette idée est récente. Elle a à peine un peu plus d'un siècle. Le fait de s'attaquer à un enfant de moins de quinze ans est donc désormais plus condamnable que le fait de s'attaquer à un adulte.

L'enfant est une personne – et non un objet sur lequel on exerce du pouvoir – qui a une capacité à ressentir les choses, à les exprimer et aussi à avoir une influence sur elles. Même si ce sont ses parents ou un tuteur qui exercent ses droits – ce sont eux qui veillent à ce qu'il ait un nom un prénom, à ce qu'il soit protégé, etc. – il se voit reconnaître la possibilité d'exercer lui-même certains de ses droits soit avec l'autorisation d'un de ses parents, soit même sans avoir à solliciter la moindre autorisation. Par exemple, un enfant peut porter plainte tout seul ; il peut même saisir un juge des enfants. Il peut accomplir les actes usuels de la vie courante comme s'acheter à manger ou acquérir un billet de transport. Outre la Convention internationale, les lois du 4 mars 2002 et du 5 mars 2007 obligent les parents à parler avec leurs enfants de toutes les décisions importantes qui les concernent et à recueillir leur avis.

Avis et accord

Laisser l'enfant s'exprimer ne signifie pas, et le point est essentiel, que c'est lui qui a le pouvoir de décision. Les parents exposent le projet, demandent à l'enfant ce qu'il en pense et ensuite ce sont eux qui décident. Dans d'autres domaines, à l'école par exemple, les enfants ont la possibilité de s'exprimer individuellement ou collectivement à travers les fanzines et « journaux » lycéens, les radios et autres dispositifs.

En d'autres termes, notre droit reconnaît aux enfants le droit d'avoir un point de vue et de l'exprimer à condition de ne pas injurier, diffamer ou troubler l'ordre public comme tout un chacun. S'ils dérapent, ils auront des comptes à rendre. Par exemple, donner la recette du cocktail Molotov en première page d'un journal lycéen pour « en terminer avec le bahut » vaut aux élèves rédacteurs une sanction pénale. En revanche, les auteurs du journal Ravaillac du Lycée Henri-IV à Paris qui s'étaient livrés à une enquête-réflexion sur l'amour des jeunes en s'exhibant en première page dans une nudité... bon enfant masquée par un bandeau l'ont emporté devant le Conseil d'État : la saisie de leur journal par le proviseur a été jugée illégale.

Autre exemple très concret que je viens de vivre récemment : l'Aide sociale à l'enfance de la Seine-Saint-Denis m'a demandé d'être habilité pour autoriser un enfant musulman à pratiquer le ramadan. J'ai répondu que je n'avais pas à donner ce type d'autorisation. Un enfant a le droit d'avoir des convictions religieuses et de les exercer dans des conditions qui ne troublent pas les autres. Un magistrat, a fortiori les éducateurs, ne doit pas interférer dans ces questions. En revanche, tous les enfants doivent aller à l'école du lundi matin au vendredi soir.

Où en sommes-nous actuellement ?

Dans un pays aussi développé et avancé que le nôtre, il est évident qu'avant l'entrée en vigueur de la Convention internationale, il existait des lois sinon des pratiques qui prenaient en compte les droits des enfants. La Convention internationale est venue fonder ou conforter ce qui se pratiquait déjà. Pour autant, sur une quinzaine de points, notre droit n'était pas en accord avec la Convention. Il n'a pas été très difficile de se mettre à niveau. En vérité la convention a accéléré des processus de modernisation qui étaient en cours comme celui de la reconnaissance de la co-responsabilité parentale.

Jusqu'à une période récente, quand un couple de parents se séparait, l'un avait le droit de garde sur l'enfant – là encore les mots utilisés exprimaient une idée de propriété – et l'autre parent avait le droit de visiter, d'héberger de temps en temps son enfant et de suivre son éducation. Désormais, quand un couple se sépare, qu'ils soient mariés ou non, les deux parents doivent continuer à exercer ensemble leur responsabilité parentale. Exceptionnellement, saisi par un parent, le juge aux affaires familiales peut décider que l'exercice de l'autorité parentale sera confié à titre principal à l'un des parents l'autre ayant des droits réduits. Pendant très longtemps les couples qui divorçaient ou se séparaient, lorsqu'ils se rendaient au tribunal, étaient dans la crainte de « perdre » leur enfant. C'en est fini avec cette crainte. Le dialogue entre eux redevient donc possible.

Qu'est-ce que cela signifie pour l'enfant ? Lorsque ses parents ne vivent pas ensemble ou se séparent, l'enfant a le droit d'entretenir des relations avec l'un, avec l'autre, avec ses frères et sœurs, ses grands-parents. Aucun des parents n'a le droit de lui interdire de voir l'autre, sauf en cas de décision de justice, si l'enfant a été victime de mauvais traitements. Tout cela date des lois de 1987, 1993 et 2002. Il y a vingt ans, après une séparation, l'un des parents devenait quasiment le propriétaire exclusif de l'enfant, l'autre n'avait rien... sauf le droit de demander que les statuts s'inversent, un droit de visite et d'hébergement et le droit de veiller à l'éducation de l'enfant. L'enfant était un objet que les parents se répartissaient comme la maison, l'armoire normande ou le chien. Plus sérieusement, dans le cas où il y avait deux enfants, garçon et fille d'un âge un peu avancé, le père « prenait » le garçon, la mère la fille, quand l'un ne prenait pas les deux en disant à l'autre qu'il ne reverrait plus ses enfants. Aberrant, scandaleux, dramatique ! Mais trop réel. Les choses ont bien évolué. Je ne dis pas que le divorce ou la séparation sont devenus plus faciles aujourd'hui. Ce sont toujours des situations douloureuses, mais nous avons essayé de faire en sorte qu'elles le soient moins. Nous avons veillé notamment à ce que l'enfant ait le droit personnel d'entretenir des relations avec ses deux parents quand ils se séparent. Il doit bénéficier de la protection de l'un comme de l'autre puisque l'autorité parentale n'est pas destinée à brimer les enfants mais à les protéger. L'exercice de l'autorité parentale perdure par-delà la séparation ; il est en principe commun, l'un des parents est censé représenter l'autre.

Point très original : jusqu'à il y a peu, nombreux étaient ceux (même parmi les professionnels) qui étaient convaincus que l'enfant avait le droit d'être entendu en justice. C'était faux : l'enfant pouvait demander à l'être mais le juge pouvait refuser, il ne s'agissait donc que d'une possibilité offerte à l'enfant. Avec la loi du 5 mars 2007 sur la protection de l'enfance, on a enfin consacré le droit de l'enfant à être entendu par le juge dès lors qu'il en exprime le souhait. Il faut que l'enfant ait le discernement dit la loi. Mais comment savoir si un enfant a le discernement ou pas... sans l'avoir rencontré et entendu ? Et puis qu'est ce que le discernement ? La loi est muette sur ce point. Comme elle l'est en matière pénale lorsqu'il s'agit d'engager la responsabilité d'un enfant qui vole, casse ou agresse. Le juge qui entend ou fait entendre l'enfant n'est pas tenu pour autant de suivre son point de vue. Nous sommes toujours dans la même dynamique : sauf exception, l'enfant exprime son point de vue et l'adulte décide.

Si les enfants ont des droits, la plupart du temps les adultes les exercent pour eux. Prenons l'exemple du droit à être protégé : c'est aux parents de veiller à protéger les enfants contre les accidents de la vie, mais aussi contre les agresseurs. À eux aussi en cas d'accident ou d'agression de prendre les mesures nécessaires pour y mettre fin ou réparer les dégâts causés. Pour le droit à l'éducation, les parents veillent à scolariser leurs enfants. Pour le droit à l'accès aux soins, les parents ont l'obligation de mobiliser, si nécessaire, des médecins et autres techniques depuis le cachet d'aspirine jusqu'aux interventions les plus graves. Petit à petit, l'enfant s'est vu reconnaître le droit d'être acteur de ses propres droits, comme le droit de porter plainte. Il peut aussi parler des difficultés qu'il rencontre à un éducateur.

Ce sera à cet adulte, enseignant, parent, éducateur, ou policier, de faire le nécessaire pour que cette plainte soit prise en compte. Après examen et vérification de ses dires, des poursuites seront éventuellement engagées contre celui qui aurait violenté l'enfant. L'enfant s'est donc vu peu à peu reconnaître une capacité d'entreprendre par lui-même. Tout cela n'est pas aussi connu qu'on pourrait le penser ou le souhaiter

Récemment j'ai eu à connaître la situation d'une jeune fille qui, à la veille de ses 18 ans était allée porter plainte pour agressions sexuelles subies alors qu'elle était âgée de 7-8 ans. Elle était à l'époque confiée à l'ASE. C'est un adolescent alors âgé de 15 ans, également confié à l'ASE et accueilli dans cette famille, qui, disait-elle, avait abusé d'elle. Les psychothérapeutes qu'elle fréquentait depuis deux ou trois tentatives de suicide l'avaient convaincue de parler de ces faits très longtemps refoulés. Ses parents ne voulaient pas la croire. Finalement, elle avait pris son courage à deux mains pour aller au commissariat. Et là on lui a dit : « On ne peut pas prendre votre plainte car vous être mineure. Revenez avec l'un de vos parents ou quand vous serez majeure ! ». J'ai lu le procès-verbal dans le dossier et effectivement les policiers refusaient d'enregistrer sa plainte sous ce mauvais prétexte ! Un scandale. Il a fallu qu'elle revienne accompagnée de sa mère pour que sa plainte soit enregistrée. Apprenant qu'elle avait fait une psychothérapie et voyant les traces de mutilation sur ses avant-bras, les policiers l'avaient prise pour une folle, en tout cas ne l'avaient pas cru. Ils avaient pensé que pour des raisons inavouables elle cherchait à accuser à tort un homme de l'avoir violentée. Une fois retrouvé, le garçon confia aux policiers « Ouf ! Tout cela est vrai. J'ai abusé d'elle durant des mois et des mois. Je vous attendais pour qu'enfin la vérité éclate et que chacun puisse en finir avec cette histoire ! »

On retiendra donc qu'à tout âge, avec les moyens qui sont les siens, un enfant peut déclarer ce dont il a été victime, soit en allant dans un commissariat, soit en parlant à un enseignant ou un travailleur social, soit en téléphonant au 119, le numéro de téléphone national du SNATED mis en place à cet effet. En revanche, si les parents exercent certains droits des enfants à leur place, ils doivent solliciter son avis et en tenir « dûment » compte sur les choses importantes. Ceci vaut pour les parents, mais aussi les éducateurs, les enseignants et... les magistrats.

Sur certains sujets il faut l'accord de l'enfant *et* celui de l'adulte.

C'est le cas de l'interruption volontaire de grossesse. Toute jeune fille de moins de dix-huit ans enceinte peut souhaiter interrompre sa grossesse, mais on ne peut pas l'y obliger. Il lui faudra même renouveler sa demande hors la présence de ses parents. Ce dispositif sous-entend qu'une jeune fille a le droit d'aller jusqu'au bout de sa grossesse. La loi consacre donc le droit d'interrompre une grossesse, mais aussi le droit pour une jeune fille d'être mère de famille. Chaque année en France, environ six mille jeunes femmes de moins de dix-huit ans accouchent. La jeune fille qui veut interrompre sa grossesse, non seulement doit donner son accord mais il faut également l'accord d'un des deux parents, ou depuis 2001, d'un adulte référent. On n'a pas encore osé se dispenser de l'accord d'un des parents. Pourtant au nom de quoi faut-il doter un parent d'un droit de veto en cette matière ? Le corps de l'enfant n'appartient pas à ses parents ! Je comprends qu'ils doivent être informés – et encore il y aurait des exceptions à considérer – pour pouvoir venir en soutien à leur fille confrontée à cette situation délicate. Mais pas plus ! Une jeune fille peut disposer de son corps sur sa seule décision dès lors qu'elle respecte le cadre de la loi (délais, entretiens psychologiques et sociaux) !

Les enfants peuvent donc exercer seuls certains droits, celui de porter plainte, mais aussi celui de demander protection à un tribunal. Dès lors qu'il possède le discernement, c'est-à-dire qu'il peut exprimer son point de vue de manière mesurée (en règle générale à partir de sept ou huit ans), l'enfant qui se dit en danger a le droit de demander à être protégé en s'adressant à une assistante sociale ou à un policier. Il peut aussi se présenter tout simplement au tribunal. Sa seule présence oblige le juge à ouvrir un dossier d'assistance éducative et à le protéger. Le juge doit l'informer de son droit d'être assisté d'un avocat ; il peut aussi lui en faire désigner un par le Bâtonnier. Il est possible qu'après avoir parlé avec le jeune, il estime que le danger n'existe pas. En vérité je n'ai jamais rencontré le cas d'un enfant qui se serait présenté au tribunal pour demander de l'aide alors qu'il n'était pas réellement en danger.

Un jour, a frappé ainsi à ma porte, un enfant de 13 ans qui disait avoir peur de rentrer chez lui à cause de ses mauvais résultats scolaires. Je l'ai rapidement reçu. J'ai immédiatement prévenu les policiers pour qu'on aille informer ses parents. Les policiers ont trouvé la mère à son domicile, mais elle gisait au pied du réfrigérateur après avoir été assommée. En vérité le jeune était déjà rentré chez lui ; il s'était querellé avec sa mère, l'avait frappée et s'était enfui. Il venait au tribunal pour... se constituer prisonnier sous prétexte de demander de l'aide.

La loi du 4 avril 2002 sur les malades dit que toute personne a le droit à la confidentialité des informations médicales qui la concernent. L'enfant doué de discernement – là encore sept ou huit ans – se voit donc reconnaître ce droit. Ainsi, si un enfant va consulter un médecin et lui interdit de parler de ses problèmes de santé à ses parents, le médecin a l'obligation de respecter le secret professionnel à l'égard de son jeune patient. Sauf dans le cas où le pronostic vital serait engagé et s'il pense que la seule manière de sauver la personne de moins de dix-huit ans est d'en parler aux parents, le médecin doit respecter le droit de l'enfant à la confidentialité des informations recueillies.

Dans d'autres domaines, limités certes, mais réels, l'enfant se voit reconnaître une capacité d'agir ou un droit de veto. Ainsi, s'il a plus de 13 ans, ses parents ne peuvent pas porter une procédure de changement de nom ou d'adoption sans son accord. Avant 13 ans il faudra recueillir son avis. Je rappellerai qu'il peut accomplir les actes de la vie courante et notamment contracter dès lors que cela est usuel. Par exemple, à 13-14 ans il ne pourra pas entrer dans un magasin pour acheter un Mac Book à 2000 euros, mais rien ne lui interdit d'acheter une calculatrice à 200 euros. À cet âge-là on ne dépense pas l'équivalent de deux SMIC ! Le vendeur confronté à cette demande d'achat se doit de tenter de joindre les parents ou… de renoncer à la vente. S'il vend, il s'expose à ce que cette vente soit annulée, à devoir rembourser et pourquoi pas, à des poursuites pénales pour abus de faiblesse.

Dans notre pays, l'enfant n'est donc pas uniquement une chose fragile qu'il faut protéger avec un dispositif renforcé d'adultes professionnels. Même s'il n'a pas le développement et la même capacité qu'un adulte à exercer tous ses droits, il possède des droits fondamentaux : le droit de s'exprimer individuellement ou collectivement, le droit de décider dans certains cas. Notre pays a singulièrement évolué et reconnaît aujourd'hui une importante gamme de droits aux enfants.

L'enfant a des droits, mais aussi des responsabilités

Du fait qu'il a des droits, l'enfant a aussi des responsabilités pour ne pas dire des « devoirs », mot qui rappelle l'école – comme d'ailleurs celui de « retenue » utilisé quand un enfant de treize ans est gardé au commissariat. Je prendrai trois exemples très simples.

La responsabilité civile ou le devoir de réparer les dégâts causés

L'enfant, c'est-à-dire une personne de moins de dix-huit ans, qui casse quelque chose ou qui fait du mal à quelqu'un doit réparer les dégâts, la vitre cassée, la douleur supportée par la personne blessée. L'enfant devra réparer le préjudice matériel, le préjudice physique et le dommage moral causé. Ainsi, un gamin qui sort en courant d'une boulangerie et renverse accidentellement une personne âgée qui se casse le col du fémur va devoir indemniser la victime si elle est toujours vivante, ou les membres de la famille si la personne est décédée. A fortiori s'il attaque quelqu'un pour le dépouiller, s'il l'injurie ou le menace. Plus fondamentalement, depuis Napoléon, son père ou sa mère, ou le tuteur, tenus pour civilement responsables, vont devoir payer pour lui (art. 1384 al. 5 du code civil) quitte à se retourner vers leur assurance de chef de famille. Si malheureusement il n'y a pas de parents susceptibles d'être civilement responsables, – certains enfants n'ont pas de parents pour se préoccuper d'eux et exercer l'autorité parentale et donc la responsabilité parentale –, l'enfant aura une dette à payer quand il deviendra adulte.

Je me dois ici d'alerter les parents sur le fait que leur enfant est certes un rayon de soleil, une joie et un plaisir mais aussi un risque contre lequel il est important qu'ils s'assurent. Or l'assurance-appartement ou l'assurance-voiture sont obligatoires, mais pas l'assurance-enfant. Il serait temps que le Parlement répare cette lacune. Fort heureusement l'assurance-appartement contient généralement une assurance chef de famille, mais ce n'est pas toujours le cas. Généralement la compagnie d'assurance cherche à se défausser en avançant que le dommage a été volontairement causé par l'enfant et qu'en conséquence, s'agissant d'un fait volontaire il n'est pas couvert. Cet artifice juridique se dégonfle facilement quand le parent soutient, éventuellement avec l'aide d'un avocat, qu'il est assuré pour tout ce qui pourrait engager sa responsabilité personnelle : la baignoire qui déborde, le chien qui mange la veste du voisin ou mord le postier ou l'enfant mineur qui fait une bêtise. Peu n'importe que le fait initial soit volontaire ou non : le parent s'est assuré pour tout ce qui engagerait sa responsabilité à lui parent !

J'ajoute qu'à l'heure actuelle, la responsabilité civile de l'enfant peut se trouver engagée très tôt, par exemple à 3 ans et demi quand il crève l'œil d'un petit camarade de jeu avec le bâton qu'il a dans les mains. Il sera responsable du fait de la chose qu'il avait dans les mains et ses parents seront tenus civilement responsables du fait de leur enfant. Les parents ne pourront se dégager qu'en établissant un fait de force majeure (quasiment impossible à démontrer) – ou une faute de la victime. Jusqu'alors ils pouvaient tenter de démontrer qu'ils n'avaient pas commis de faute dans l'éducation ou dans la surveillance. Et même en supposant que cette preuve puisse être apportée, elle sera juridiquement irrecevable. Dans l'intérêt de la victime la plus haute juridiction de France demande qu'on la rejette.

Il y a quelques années j'ai été amené à dégager les parents de leur responsabilité civile. Leur fils avait causé un accident de la circulation et la mort du jeune qu'il transportait sur son scooter. Les deux jeunes avaient demandé l'autorisation de sortir à leurs parents qui étaient donc parfaitement au courant. Ils en avaient l'habitude. Les jeunes gens sérieux et équilibrés, mettaient leur casque, se contentaient d'aller boire un jus de fruit et rentraient à l'heure. Ce jour-là – l'histoire ne dit pas s'il l'avait déjà fait – le jeune conducteur a eu la flemme d'aller jusqu'au rond-point aménagé pour en faire le tour : il franchit délibérément la ligne blanche. Une première voiture arrive qu'il évite. Malheureusement avec la seconde c'est l'accident et son ami éjecté décède. Les parents de ce jeune conducteur ont démontré qu'ils avaient donné une bonne éducation à leur fils et qu'ils ne pouvaient pas prendre plus de précautions que celles qui avaient été prises. Dans cette affaire l'assurance chef de famille fut mise hors de cause, mais l'assurance du scooter fonctionna. Aujourd'hui une telle décision serait quasiment impossible.

La responsabilité pénale de l'enfant

De même la responsabilité pénale de l'enfant peut être très tôt engagée et la justice peut lui demander des comptes et le punir de ses bêtises. Dans notre pays, un enfant peut être traduit devant un tribunal dès l'âge de sept ou huit ans. Certes, pour des faits commis avant treize ans, on ne pourra pas le punir, le mettre en prison ou lui infliger une amende, mais on pourra lui imposer un certain nombre de mesures dites « éducatives » très lourdes, comme le placement dans une institution jusqu'à sa majorité, l'éloignement de sa famille, l'encadrement par des éducateurs... Un garçon ou une fille de sept ou huit ans qui vole dans un grand magasin peut donc se voir imputer un délit. Reste qu'un enfant qui vole un chocolat est formellement un délinquant, mais ne l'est pas nécessairement pas au sens sociologique du terme. Si ses parents réagissent intelligemment, sans cautionner ses actes, il passera la plupart du temps à autre chose sans qu'il y ait besoin de mobiliser la justice et les travailleurs sociaux. La loi ne fixe pas de seuil d'âge pour engager la responsabilité pénale. Elle fait appel au « discernement ». Certains enfants l'acquièrent très jeunes. J'estime ainsi qu'à l'âge de six ans, mon fils, enfant de magistrat, savait très bien ce qu'il risquait s'il s'emparait des bonbons soigneusement placés à sa hauteur lors du passage à la caisse d'une grande surface et que cela relevait du tribunal !

La question du discernement c'est la question à laquelle sont confrontés tous les parents. Vous avez trois enfants de neuf, dix et treize ans. Lequel laissez-vous rentrer tout seul le soir avec la clé ? Chaque individu y parvient à un âge différent. La question qui touche l'éveil du « discernement » concerne aussi son crépuscule. À partir de quel âge doit-on considérer que l'individu n'a plus toute sa lucidité ? Certains la gardent jusqu'à cent ans, d'autres la perdent bien avant... Faut-il fixer un seuil d'âge qui fixerait a priori le moment où chacun d'entre nous perd la tête ?

Le droit français s'y est refusé jusqu'à présent. Il amène chacun à décider, dans chaque situation, si l'enfant dispose du discernement. Ce sera aux parents à décider si leur enfant peut revenir seul de l'école le soir, en lui donnant la clé de l'appartement : ne va-t-il pas la perdre ou se la faire prendre ? Ne va-t-il pas ramener quelqu'un à la maison ? Va-t-il maîtriser le gaz ? Autant de questions que chacun se pose et dont la réponse sera donnée en fonction de la personnalité du jeune concerné. L'âge retenu ne sera pas nécessairement le même pour chacun des enfants de la famille. À sept ou huit ans, une jeune personne qui vole ou frappe quelqu'un d'autre peut donc avoir des comptes à rendre à la justice qui appliquera les lois de la République. On dit qu'on peut lui imputer un crime ou un délit car elle est censée avoir conscience de ce qui est permis ou interdit, du bien et du mal et comprendre le sens de ses actes. S'il le faut on fera appel à des experts qui examineront le problème tel qu'il se posait le jour de l'infraction.

Des experts peuvent aussi être amenés à se prononcer sur le discernement d'un individu de plus de 7 ou 8 ans qui commet un délit ou un crime. Ainsi dans les affaires des parricides de Verdun et de Versailles, il a finalement été décidé que, le jour du crime, les adolescents concernés n'avaient pas le discernement : ils avaient été frappés d'un accès de « folie ».

Le discernement acquis, quelles sont les sanctions ? Il existe une véritable gradation. À chaque seuil, outre les mesures qui existaient précédemment, de nouvelles ont été décidées, de l'impunité absolue à la pleine responsabilité.

Je rappelle qu'**avant 8 ans**, âge de l'imputabilité, le juge ne peut rien faire au pénal mais peut prendre des **mesures éducatives civiles** s'il estime que le comportement de l'enfant est révélateur d'un mauvais exercice de l'autorité parentale. Par exemple, un enfant qui traîne et commet des petits larcins ou des dégradations alors qu'il aurait dû être chez lui.

Jusqu'à 10 ans – l'âge retenu comme référence est celui qu'avait l'enfant au moment des faits – le juge ne peut prendre que des ***mesures éducatives*** (avertissement, suivi par un éducateur, accueil en foyer, etc.).

À partir de 10 ans depuis 2002 il peut aussi prononcer des ***sanctions éducatives*** – rendons grâces à la richesse du vocabulaire français ! Ces sanctions éducatives sont des interdictions (de rencontrer telle personne, de fréquenter tel lieu, de posséder tel objet, etc.) ou des obligations de comportement (aller à l'école, entreprendre une psychothérapie, suivre un stage de citoyenneté, etc.).

À partir de treize ans, l'enfant délinquant peut toujours supporter une mesure éducative ou une sanction éducative, mais il peut également se voir infliger ***une peine***. Dans certains cas il pourra même aller en détention provisoire

Cette peine est moitié moindre que celle encourue par un adulte pour des faits identiques. Grâce à ce qu'on nomme *l'excuse atténuante de minorité*. À ne pas confondre avec les *circonstances atténuantes* qui seront également appliquées afin d'éviter le seuil le plus élevé de peine. Un jeune qui n'a pas atteint l'âge de 16 ans le jour des faits ne se verra jamais retirer le bénéfice de l'excuse atténuante de responsabilité ; s'il a 16 ans le tribunal pourra être amené à le lui retirer ou à constater qu'il lui est enlevé par la loi elle-même comme c'est le cas depuis 2007 pour les doubles récidivistes. La peine encourue sera alors la même que celle qui serait appliquée à une personne majeure pour les mêmes faits.

Aujourd'hui, environ 770 personnes de moins de dix-huit ans sont en prison, parmi lesquelles à peu près 200 ont entre treize et seize ans. Sur une année quelque 3 600 à 4 000 jeunes font un séjour en prison, soit en détention provisoire dans l'attente d'un jugement, soit ils ont été condamnés et exécutent leur peine. Si l'on veut évaluer l'importance du recours à la contention à l'égard des jeunes délinquants, il faut également prendre en compte toutes les personnes de moins de dix-huit ans qui ne sont pas en prison, mais accueillies dans des dispositifs très coercitifs comme les Centres éducatifs fermés (CEF) ou les centres éducatifs renforcés (CER) et autres centres de placement immédiat (CPI) dont notre pays s'est doté depuis 1996, et tout particulièrement ces dernières années. Nous disposons ainsi d'un peu plus d'une quarantaine de centres éducatifs fermés qui en vérité ne sont pas à proprement parler fermés comme l'est une prison. Si jamais le jeune désobéit et quitte la structure sans autorisation (il fugue, il ne s'évade pas) il risque… d'être incarcéré puisqu'il est en violation du contrôle judiciaire qui lui avait été imposé ou des termes de sa libération conditionnelle. Il peut y avoir jusqu'à 10 mineurs présents dans ces CEF ; en pratique il y en a plutôt moins car ce sont de vraies « cocottes-minute ». On compte aussi une centaine de CPI et autant de CER de taille réduite. Là encore c'est la présence renforcée d'adultes encadrant les mineurs qui constitue la contention plutôt que des hauts murs.

La responsabilité disciplinaire

Un enfant peut rendre des comptes à la victime, à la justice mais, bien évidemment, il doit aussi rendre des comptes sur le plan disciplinaire. Les parents d'un enfant présenté au tribunal doivent essayer de comprendre pourquoi il en est arrivé là et le punir.

Les sanctions « disciplinaires » peuvent pleuvoir à la maison, mais aussi à l'école. Un enfant qui, dans la cour de l'école ou dans l'environnement de l'école se bagarre ou casse des choses va devoir rendre des comptes au professeur, à l'école et pas seulement à la victime, mais au droit pénal en général, à la justice et à sa famille. L'ensemble de ces responsabilités seront actives pour le même fait. Le jeune sera puni à la maison, à l'école et par la justice ; il subira les punitions et devra indemniser la victime ! Exactement comme un adulte.

Le respect réel des droits de l'enfant en France

L'enfant a donc formellement des droits, il ne peut plus être considéré comme un sujet de propriété, ni comme un être assujetti au pouvoir d'un autre. Il est une personne, il a le droit d'exprimer ses sentiments et son point de vue, et en certaines occasions de décider et d'être acteur de sa propre vie. En contre-point, puisqu'il a des droits, il a aussi des responsabilités.

Il est évident que la France est un grand pays où l'on prend en compte de longue date le droit des personnes. Si on le compare à d'autres coins du monde, notre pays n'est pas celui où les gens sont les plus mal lotis. Sinon, les gens ne viendraient pas se réfugier en Europe en général, et en France en particulier, pour trouver une protection contre les persécutions ou la pauvreté qu'ils ont choisi de fuir. Mais pour autant la situation n'est pas formidable.

Ainsi en Seine Saint-Denis, environ 5 500 enfants ne vivent pas chez eux, ne coucheront pas sous un toit, mais dans des camionnettes ou des voitures, dans des conditions difficiles, ou encore dans des squats, quand ce n'est pas purement et simplement dans des parcs ou dans la rue. Dans notre pays, un million d'enfants sont pauvres selon les normes françaises, deux millions selon les normes européennes. Dans notre pays, certains enfants ont de gros problèmes psychiatriques et ne sont pas pris en charge. En Seine-Saint-Denis, il n'existe que dix lits de pédopsychiatrie pour un million quatre cent mille habitants. Dans notre pays beaucoup d'enfants sont considérés en danger, 20 000 maltraités. L'aide sociale à l'enfance, sous la responsabilité du Conseil général, s'occupe de tous ces enfants en danger afin qu'ils ne le soient plus, en tout cas pour tenter de résoudre leurs difficultés. En France, il y a environ 450 000 enfants qui sont aidés parce que leurs parents ne sont pas en mesure de s'occuper d'eux. Nous dépensons à cet effet six milliards d'euros, alors que l'UNICEF, l'organisation de l'ONU qui s'occupe des enfants du monde, a un budget d'un milliard d'euros seulement pour tous les enfants du monde.

Un autre chiffre encore : environ 16 000 enfants porteurs de handicaps ne sont pas scolarisés alors que le droit à la scolarité est reconnu à tous les enfants. Le droit opposable à la scolarisation des enfants porteurs de handicap consacré en 2005 reste un slogan même si les premières décisions de justice intervenues en la matière viennent ramener l'État à la raison en le condamnant à payer de fortes compensations ! Trop d'enfants – entre 70 000 et 100 000 – sortent chaque année de l'école sans qualification.

En d'autres termes si globalement le sort des enfants de France est enviable, beaucoup trop sont encore dans des situations difficiles : ils sont battus, ils sont abandonnés, violentés, ils n'ont pas de quoi manger, certains finissent par avoir des troubles psychologiques et psychiatriques et parfois deviennent délinquants. La situation de la France est largement perfectible, comme le souligne encore le Comité d'experts de l'ONU en 2004 et en 2008. Actuellement, le durcissement des mesures appliquées à la délinquance juvénile inquiète les Experts internationaux.

Des orientations inquiétantes

La tendance lourde n'est pas à la reconnaissance de nouveaux droits aux enfants, mais à un renforcement de la mise en cause de leurs responsabilités. Ainsi, un nouvel accord franco-roumain signé en 2007 a été soumis à l'examen du parlement afin d'autoriser le gouvernement à le ratifier. Il doit permettre d'expulser les enfants vers la Roumanie sur la simple initiative du parquet, sans passer par la décision d'un juge des enfants, donc sans qu'aucun débat soit organisé au tribunal, sans que la défense puisse s'exprimer et sans que des recours soient ouverts. On sait pourtant que ces enfants roms sont souvent victimes de trafics. Ce nouvel accord entre les deux pays constitue une régression par rapport à celui de 2002, mais il comporte surtout des vices juridiques majeurs qui lui ont valu la censure du Conseil constitutionnel. Pour autant, et malgré nos avertissements, le gouvernement a voulu maintenir sa position et le parlement l'a validée. Il a été sévèrement taclé par le Conseil constitutionnel qui lui a rappelé... la Déclaration des droits de l'Homme de 1789 (art. 16) qui veut que tout un chacun ait un recours sur une décision portant atteinte à sa liberté.

Le parlement est en train de démanteler le droit pénal des mineurs et de traiter les enfants comme des adultes, notamment en établissant le flagrant délit pour les mineurs. Jusqu'à présent, les enfants délinquants n'étaient pas jugés immédiatement, on essayait de les aider grâce aux travailleurs sociaux, l'idéal étant de juger un jeune qui a été délinquant mais qui, grâce à nous, ne l'est plus. Le but n'est pas de le punir, mais de faire en sorte qu'il ne soit plus délinquant. Pour l'actuel gouvernement, la seule méthode valable est de punir tout de suite sans laisser le temps au travail social de faire son office. Ajoutons que le dispositif de peine-plancher s'applique aux mineurs. S'il l'avait pu, mais le Conseil constitutionnel veille, le gouvernement aurait même abaissé la majorité pénale à 16 ans.

Je pense que le gouvernement se fourvoie. Si l'ordonnance du 2 février 1945 doit être toilettée dans son langage (ex. supprimer le mot admonestation pour le remplacer par avertissement), les principes adoptés en 1945 visant à mettre en œuvre le droit à l'éducation de tout enfant en conflit avec la loi, sont les bons. Mais pour accomplir cela, il faut en réunir les moyens : des hommes et du temps ; il ne faut pas passer outre aux compétences parentales, mais au contraire tenter de les mobiliser ; un éloignement peut un temps s'imposer, mais il n'est pas une fin en soi, pas plus que l'incarcération – qui parfois peut être utile – mais ne doit pas être un but mais un moyen.

Parallèlement à la lutte contre la délinquance de certains enfants nous devons simultanément développer une politique de prévention de la primo-délinquance ce qui implique une politique familiale, une politique sociale, une politique d'intégration et une démarche d'implication citoyenne pour les plus jeunes. C'est déjà ce qu'avançait fort pertinemment le Conseil de Sécurité Intérieure au mois de janvier 1998.

Consacrer de nouveaux droits

Bien évidemment, ce pays n'est pas un pays dans lequel les enfants sont globalement maltraités. Toutefois, nous pouvons améliorer les choses sur beaucoup de points en suivant quelques pistes simples.

Par exemple, il faut consacrer les droits de l'enfant à connaître ses origines, tout enfant a le droit de savoir qui est son père et qui est sa mère. Mieux encore, tout enfant devrait avoir le droit d'avoir une filiation paternelle et une filiation maternelle établies. Actuellement, au nom du droit des adultes de décider d'être parent ou non, chaque année entre cinquante et soixante-dix mille enfants sur huit cent mille ont peut-être une maman, mais n'ont pas de papa. Le papa n'a pas été tenu au courant de la grossesse, ou bien dès qu'il a été au courant il s'est enfui sans assumer ses responsabilités. Chaque année, du fait des pratiques des adultes, trop d'enfants naissent orphelins de père. Hier c'était le fait de la guerre ou de la maladie, aujourd'hui c'est le choix que font un certain nombre d'adultes.

Il faut aussi consacrer le droit des enfants à avoir des beaux-pères et des belles-mères qui sont légitimés par la loi dans les responsabilités qu'ils exercent sur eux. C'est le débat sur le rôle des tiers actuellement bloqué au niveau du gouvernement qui n'arrive pas à se prononcer sur la formule à retenir. Il est évident que certains veulent utiliser ce projet pour avancer dans la reconnaissance des droits des homosexuels sur les enfants qu'ils élèvent ou qu'ils désirent. Mais il y a en arrière-fond un autre débat : la responsabilité des beaux-parents est-elle une question d'ordre strictement privé comme le défend la ministre de la famille, et qui doit donc trouver une solution devant notaire ou bien, comme le dit le Défenseur des enfants et comme je l'affirme, est-ce une responsabilité publique. En ce cas, c'est la loi qui doit dire à tous les enfants de France élevés par un beau parent qu'ils lui doivent obéissance au quotidien. Sans concurrencer le parent biologique, le beau-parent est alors en droit d'intervenir sur les actes usuels.

Informer

Reconnaître de nouveaux droits aux enfants ne suffit pas, encore faut-il les faire connaître aux intéressés. Or, ces droits restent encore largement méconnus des enfants de France comme des adultes. Les efforts déployés dans les années 90 sont aujourd'hui bien loin quand il aurait fallu les renouveler régulièrement. À quoi sert-il de faire cesser la Seconde Guerre mondiale si on ne prévient pas les Japonais réfugiés dans la jungle ?

À quoi sert-il d'abolir l'esclavage sans en informer les principaux intéressés ?

De gros efforts ont été faits dans les années 90 par la puissance publique, à travers l'Institut de l'Enfance et de la Famille que je dirigeais alors. Le réseau associatif s'essouffle aujourd'hui dans la prise en charge d'une tâche qui relève de la responsabilité publique. Le jeu de société intitulé « Place de la loi » que nous avons élaborée à l'APCEJ offre un temps de dialogue entre adultes et enfants sur ces questions de société. Les « procès reconstitués » que nous organisons sont également une démarche tout à fait passionnante.

On peut très bien inventer de nouvelles méthodes ludiques afin que les jeunes et les moins jeunes apprennent les règles du jeu social. J'avais pensé à un projet de campagne de communication télévisée sur l'autorité parentale qui consisterait en une série de spots publicitaires très branchés s'inspirant de scènes de la vie quotidienne. Il faudrait tout simplement avoir le souci de faire passer ces règles dans les feuilletons télévisés qui devraient bien souvent consulter des conseillers juridiques. Ces productions véhiculent la plupart du temps de fausses représentations des institutions – la police, la justice, le travail social, l'hôpital – et beaucoup d'erreurs concernant le statut des personnes.

Accompagner la mise en œuvre des droits

Des dispositifs nationaux ou locaux, associatifs ou professionnels devraient être mis en place avec des avocats qui seraient là pour aider les enfants en difficulté ainsi que ceux qui voudraient demander le respect de leurs droits ou s'en voir reconnaître de nouveaux. Quand un enfant est en difficulté, il doit pouvoir aller frapper à la porte d'un avocat afin de lui demander de l'aide. Certains barreaux – le barreau est l'organisation des avocats – se sont organisés et aident les enfants qui ont besoin d'eux pour faire reconnaître leurs droits et les faire consacrer en justice. Nous avons là une belle opportunité de progresser. Il ne suffit pas de mandater les avocats, il faut réunir des moyens financiers pour faire vivre ce dispositif.

Le bilan français est globalement positif, mais encore largement perfectible. Il ne servirait à rien de noircir le tableau ; pour autant nous ne pouvons pas nous retrancher derrière le titre auto-attribué de « patrie des droits de l'Homme » pour prétendre que tout va pour le mieux pour tous les enfants de France. Reste qu'une dynamique est morte : celle des droits des enfants de la fin du XXe. Notre pays vieillissant et en crise d'identité dans un monde où de nouveaux équilibres apparaissent a peur de sa jeunesse. Il croit dissimuler ses propres turpitudes en prétendant que les enfants et les jeunes seraient responsables de tous nos maux. Il se trompe. Sans démissionner de nos responsabilités d'adultes nous n'avons rien à perdre à promouvoir les droits des enfants. Plus les enfants s'approprieront nos lois et nos règles, plus ils respecteront la société. Et, devenus adultes, ils veilleront à la défense de ces droits.

Montreuil, le 2 octobre 2010

Questions/Réponses

Y a-t-il une loi qui dit que les professeurs ne peuvent pas nous donner de devoirs le soir ?

Il n'existe pas de loi qui interdise aux professeurs de donner des devoirs, mais il existe des circulaires, c'est-à-dire des textes écrits par le ministre de l'Éducation nationale, qui rappellent aux enseignants qu'ils ne doivent pas donner de devoirs aux enfants. Une circulaire a moins de vigueur qu'une loi dans l'ordre des textes juridiques mais ne peut pas être négligée par des fonctionnaires car elle donne bien l'interprétation que le ministre fait de la loi et elle donne ses instructions.

Force est de constater que depuis vingt ans, les ministres de l'Éducation Nationale passent leur temps à dire aux enseignants que le temps de l'école est un temps pour travailler et le temps de la maison, un temps pour se reposer. Il n'y a aucune raison pour que les enfants ramènent du travail à la maison, de même que leurs parents ne sont pas censés revenir le soir avec du travail à faire pour leur employeur.

On impose souvent aux enfants des choses qu'on se refuserait d'imposer aux adultes. De la même manière, les enfants vont souvent à l'école avec un cartable qui pèse entre six et huit kilos, ce qui équivaut à trente kilos pour un adulte. Aucun adulte ne charrie trente kilos sur son dos chaque matin pour aller travailler.

Pour répondre à ta question, il n'y a pas de loi sur ces questions-là, mais il serait opportun de rappeler aux uns et aux autres que nous travaillons dans le temps scolaire, et qu'il faut ménager un temps où nous nous reconstruisons, où nous vivons, où nous ne faisons rien. Les enfants ont le droit de ne rien faire, comme les adultes, je n'ai pas dit tout le temps. Ici comme ailleurs il faut dire aux adultes : ne faites pas aux autres ce que vous n'aimeriez pas que l'on vous fasse.

Quelles peines peuvent être infligées quand on ne respecte pas les droits des enfants ?

Cela dépend. Il n'existe pas de loi qui dise que l'on doit respecter les droits des enfants. L'esprit général est de dire, en particulier avec la convention internationale, que ces droits s'imposent à tous, donc sont obligatoires. Ils ne sont pas une simple pétition de principe, une simple intention, mais un droit. Et un droit ne se discute pas. Quelqu'un qui ne respecte pas un droit peut être puni ou amené à payer quelque chose, à « indemniser ».

Je viens de vous donner le principe général, mais il faut ensuite regarder dans chacun des textes.

Par exemple, certains textes protègent physiquement les enfants. Quelqu'un qui bat ou violente un enfant physiquement, sexuellement peut écoper de la réclusion à perpétuité. Tout dépend de la gravité des faits commis et des conséquences pour l'enfant. S'attaquer à un enfant constitue une circonstance aggravante. Ainsi, une personne qui tue un enfant peut être condamnée à rester en prison toute sa vie. Bien évidemment, ces cas restent rares.

Plus communément pratiquées, la gifle et la fessée sont quand même demeurées exceptionnelles dans l'arsenal mis à disposition de l'autorité parentale. Certains militent même pour qu'elles disparaissent de nos pratiques. Le Conseil de l'Europe a engagé une campagne en ce sens, pour promouvoir la disparition de la gifle et de la fessée en France. Mme Morano, en qualité de ministre de la famille présidente à l'époque du Conseil des ministres européens y a appelé en septembre 2008 à Stockholm lors d'une conférence consacrée à la promotion des droits des enfants... pour oublier cet appel une fois de retour à Paris. Elle a eu tort car on peut tenir un discours sur la protection de l'enfance et le respect dû aux enfants qui ne soit pas incompatible avec le discours de fermeté en cas de bêtises commises par ces mêmes enfants.

En tout cas, pour répondre à ta question, la sanction encourue dépend des droits violés. Pour te donner une réponse générale, des sanctions très sévères sont prévues à l'encontre de ceux qui ne respectent pas les droits des enfants.

Si quelqu'un maltraite un enfant, il peut subir une petite peine de prison jusqu'à l'emprisonnement à perpétuité avec une partie incompressible.

Si quelqu'un prend un bien appartenant à un enfant, il encourt trois ans de prison. Il n'y a pas là de circonstance aggravante du fait que la victime soit un enfant. Pour autant, vous le savez aussi bien que moi, les enfants sont souvent victimes d'agressions venant d'autres enfants.

Si les voleurs sont deux ou plus, on dit qu'il y a « réunion » et cela vaut deux ans de plus. Pour un vol exercé avec des violences, l'agresseur encourt encore deux ans de plus. Si, à la sortie d'une école, deux jeunes en bousculent un troisième et lui volent son téléphone ils risquent une peine de sept ans de prison : 3 +2+2. Pour peu que la même agression ait lieu dans un moyen de transport public (train, métro, bus par exemple), on monte à 10 ans encourus.

Encore » faut-il préciser que si les auteurs ont moins de dix-huit ans, ils auront une réduction de peine et risqueront trois ans et demi, mais on peut leur retirer cette excuse de minorité à partir de seize ans.

Deux jeunes qui agressent une personne, majeure ou mineure, dans le métro, pour lui prendre son téléphone risquent dix ans de prison.

À chaque fois il faut prendre en compte les circonstances aggravantes pour apprécier la peine encourue, puis vérifier s'il n'y a pas de circonstances atténuantes afin de déterminer la peine qui sera prononcée.

A-t-on le droit de changer son nom ou son prénom ?

Il n'est pas facile de répondre simplement à cette question.

L'orientation générale veut qu'on ne puisse pas facilement changer de prénom et a fortiori de nom, mais cela n'est pas radicalement impossible.

Le nom de quelqu'un est un héritage transmis par ses géniteurs à l'enfant et qui l'inscrit dans l'histoire. Il est attaché à une famille. C'est aussi une règle de police, puisque si je change de nom comme de chemise, il est impossible de savoir qui je suis. Un nom nous est donné à la naissance pour la vie. Avec le prénom il identifie et singularise chacun d'entre nous.

Jusqu'en 2005 le nom était attribué automatiquement par la loi. C'était le nom du père en cas de mariage des deux parents, ou bien, en cas de naissance hors mariage, le nom de celui qui déclarait l'enfant en premier. Dans cette dernière hypothèse si les deux déclarations étaient faites en même temps on prenait le nom du père.

La liberté de manœuvre des parents était nulle.

Depuis 2005 les parents jouent un rôle dans l'attribution du nom, ils ont le choix entre le nom du père, le nom de la mère ou les deux. Les choses sont devenues plus souples que par le passé.

Les parents, en revanche sont quasiment libres pour le choix du prénom dès lors que celui-ci n'est pas ridicule et difficile à porter pour l'enfant. Jusqu'en 1993, à la demande de l'officier d'état civil, le procureur pouvait s'opposer à l'enregistrement d'un prénom. En outre, le prénom devait être choisi dans la liste du calendrier afin d'éviter des prénoms folkloriques amusants pour les parents, mais pour l'enfant, lourds à porter toute une vie.

Maintenant, les parents choisissent le prénom et il faudrait vraiment que ce choix inquiète l'officier de l'état civil – ou une autre personne – pour qu'il demande l'intervention du procureur. Les parents ont donc une relative liberté pour choisir le prénom, mais une fois choisi, celui-ci ne doit plus bouger par principe.

Certains noms ne sont pas faciles à porter après telle ou telle période historique. Je pense à Hitler. Des personnes portent le nom de grands criminels. Je pense à Landru. Mais parfois il s'agit tout simplement de franciser un nom afin de faciliter l'intégration en France. Il est donc possible de demander exceptionnellement au ministre de la justice, avec l'accord du Conseil d'État, un changement de nom. Une procédure est alors mise en place afin de s'assurer que le choix du nouveau nom ne portera préjudice à personne.

Tu peux donc changer de nom si tu as de bons arguments. A priori si tu es mineur ce sont tes parents qui engageront la procédure en ton nom. La procédure vaut pour tous les enfants du même lit.

L'enfant a bien sûr des choses à dire au sujet de ce changement de nom. Jusqu'à 13 ans il doit donner son avis. À partir de treize ans, il doit donner son accord car il naît avec une certaine carapace et, si celle-ci lui est retirée du jour au lendemain, il peut avoir le sentiment de perdre son identité.

Si je prends mon cas personnel, j'ai refusé que mon père coupe notre nom de famille pour ne garder que Rosen. Par contre, mon frère aîné lui, l'a fait à sa majorité, car il était connu dans sa profession sous ce nom de Rosen.

Et je me suis rendu compte le jour de mon mariage, à 30 ans, qu'il y avait une faute dans l'orthographe de mon nom ce qui fait que je m'appelle tantôt Rosenczveig, tantôt Rosenczweig. Je ne l'ai pas fait corriger. Deux de mes enfants ont mis un « v », le troisième un « w » et aucun d'eux ne veut changer. Les uns tiennent à leur « v », les autres à leur « w ».

Pour résumer : il est possible de changer de nom pour convenance personnelle, mais sous contrôle du Conseil d'État, ou devant le juge d'instance lorsqu'il y a conflit entre les parents. Et, à partir d'un certain âge, il faut l'accord de l'enfant.

Est-ce que les mineurs peuvent aller en prison ?

Oui, à partir de treize ans.

Beaucoup de Français pensent que l'on ne peut pas aller en prison avant 18 ans Quand on leur dit que c'est à partir de 13 ans ils ouvrent de grands yeux.

En 1989, la psychanalyste Françoise Dolto, le professeur Minkowski et quelques magistrats dont je faisais partie, se sont battus pour faire « monter » l'âge de l'incarcération de dix à treize ans et réduire le recours à la détention provisoire pour les enfants. Car jusqu'en 1989, on pouvait mettre en prison un enfant de dix ans. Désormais, c'est treize ans.

Il est rarissime que de très jeunes enfants commettent des crimes mais cela s'est vu. Souvenez-vous des enfants de Manchester qui ont enlevé et tué un enfant de 5 ans. Puis, peu de temps après une affaire de meurtre mettait en cause deux enfants de 10 ans et un de douze qui avaient tué un clochard à Créteil. C'est rare mais le cas peut se présenter.

A-t-on le droit de jouer au jeu vidéo quand on veut ?

Non, un enfant a le droit d'exprimer son souhait de jouer à un jeu vidéo mais si son papa et sa maman chéris disent « une heure oui, deux heures non », il doit leur obéir. Actuellement, certains enfants deviennent « *accros* » aux jeux vidéo comme certains adultes à l'alcool, aux drogues ou à la vitesse. Nous risquons d'abuser de toutes les bonnes choses.

Pour répondre à ta question très concrète, tu as le droit de souhaiter jouer, il n'y a aucune raison pour que l'on t'empêche de jouer aux jeux adaptés à ta personnalité et à ton âge, mais si tes parents te disent qu'il est l'heure d'arrêter, tu leur obéis car c'est à eux de savoir quand tu en abuses.

Reste qu'il peut arriver que les parents eux aussi soient « *accros* ». J'ai vu ces jours-ci une mère qui passe des heures et des heures à regarder ses enfants jouer aux jeux vidéo !

Au lieu d'interdire les choses aux gens, adultes comme plus jeunes, je reste convaincu qu'il faut d'abord leur apprendre à maîtriser l'usage des choses. Nous avons le droit de boire un verre de vin, mais après deux verres, l'usage devient abusif et en tout cas nous ne pouvons pas prendre la voiture sans risque.

Est-ce que quelqu'un qui inflige involontairement une blessure grave à une personne écope de la même punition qu'une personne qui inflige une blessure grave volontairement ?

La réponse est dans ta question, nous ne pouvons pas mettre sur le même plan quelqu'un qui a fait exprès et quelqu'un qui n'a pas fait exprès.

Quelqu'un qui a fait exprès est par définition méchant, au sens large du terme.

Quelqu'un qui n'a pas fait exprès est, au mieux, un peu idiot, il ne se maîtrise pas physiquement.

Ils ont au moins un point commun : ils doivent rendre des comptes et réparer les dommages. La victime se fiche que tu aies fait exprès ou non. Les dommages peuvent porter sur un bien matériel, une télévision, un téléphone, une voiture ou sur la victime elle-même qui doit être indemnisée à cent pour cent dès lors qu'elle n'a pas commis la moindre faute. Si jamais elle a commis une faute, le juge établira un partage, deux tiers et un tiers, ou trois quarts et un quart.

Tu poses une autre question, celle de la punition. Or, indemniser la victime, ce n'est pas être puni. Si la faute est volontaire, nous serons plus punis que si la faute est involontaire. Par exemple, lors d'un match de football, si des gradins que les ouvriers ont mal montés s'effondrent – comme ce fut le cas au stade Furiani à Bastia, où il y a eu des morts – il est bien évident que personne n'a souhaité ce drame.

Reste que les victimes doivent être indemnisées.

Et ceux qui sont responsables de la construction défaillante des gradins doivent être punis. Ils ont été embauchés pour ce travail, car ils se sont présentés comme de vrais professionnels et ils ont été payés à la hauteur de leur degré de professionnalisme. S'ils commettent une faute dans la réalisation de leur mission, il est normal qu'ils en rendent des comptes. Celui qui rend service à quelqu'un mais n'arrive pas à obtenir de résultat, ou étant maladroit crée un dommage, ne sera pas puni de la même manière.

C'est un premier élément de réponse, mais il faut aller plus loin. Prenons le cas de deux personnes qui causent volontairement ou non le même dégât. Le juge doit tenir compte de la personnalité de chacun, de son histoire et de son itinéraire. Par exemple, la personne peut avoir fait des bêtises et ne jamais en avoir commis d'autres ou bien en avoir déjà commis et en commettre d'autres. Le jour du jugement, le juge tient compte de ces données.

De la même manière, il peut individualiser la responsabilité civile en veillant à une clé de répartition entre les auteurs du dommage auquel ils ont contribué. L'un comme l'autre doit veiller à ce que la victime soit totalement indemnisée : celle-ci peut demander le tout à l'un ou à l'autre. Mais ensuite celui qui aura payé peut se retourner contre l'autre pour se voir remboursé d'une partie de la somme sur la base de cette clé de répartition fixée par le juge.

Prendre en compte le rôle de chacun et sa personnalité est très important pour la justice des enfants.

En tant que juge pour enfants, je dis aux jeunes dans mon bureau que ce qu'ils ont fait et pourquoi ils l'ont fait est déjà sur la table. Ce qui importe, c'est ce qu'ils vont devenir entre aujourd'hui et le jour du jugement. S'ils se tiennent à carreau, ils limiteront les dégâts, s'ils font à nouveau des bêtises, ils vont tirer le gros lot. La justice ne peut pas être égale pour tout le monde, ce n'est pas pour autant une justice injuste, au contraire, elle est une justice juste.

Aujourd'hui, ceux qui nous gouvernent disent que tout agresseur volontaire ou involontaire, doit être puni sévèrement et en proportion de la violence qu'il a fait subir à la victime. Non, le droit pénal s'apprécie en fonction de l'auteur du délit. Le droit civil est là pour protéger la victime, le droit pénal pour protéger la société. C'est tout le débat sur l'affaire Polanski que vous avez peut-être suivi. Ce réalisateur de cinéma hors du commun, car c'est un grand artiste, est aujourd'hui en difficulté parce qu'il y a trente ans il a violenté une jeune fille qui avait quatorze ans à l'époque. En le disant, je ne viole pas la présomption d'innocence, car il l'a lui-même reconnu. On nous dit aujourd'hui que c'est une vieille affaire, mais ce n'est pas pour autant qu'il ne faut pas en rendre compte. La prescription n'est pas acquise, les Américains n'ont jamais oublié cette affaire, et en France elle n'aurait pas non plus été prescrite. On nous dit surtout que la victime ne veut plus que Roman Polanski aille devant le tribunal et que c'est le droit de la victime. Non, le droit de la victime est d'être indemnisée. Si Polanski est poursuivi, ce n'est pas pour le punir, mais pour que tous ceux qui voudraient faire la même chose, sachent que même une fois devenus riches et célèbres, ils devront rendre des comptes.

La justice prend en compte qui a fait quoi et comment. Quand nous commettons volontairement un délit, ce n'est pas la même chose que lorsqu'on le commet par maladresse, et nous ne serons donc pas punis de la même manière. La gravité des faits entre en ligne de compte, mais pas la victime en tant que telle.

Aujourd'hui, nombreux sont ceux qui voudraient, dans un esprit rappelant la justice privée de jadis, donner un rôle majeur à la victime. On en oublierait que l'État – la Royauté puis la République – s'est construit sur la volonté de rendre une justice publique dans l'intérêt de chacun et dans le but d'assurer la paix sociale en mettant fin aux vengeances privées.

Vous avez dit que l'enfant doit donner son accord pour l'adoption, mais comment fait-il quand il n'a que quelques mois ?

J'aurais dû le préciser, et ta question me permet de le faire. À partir de treize ans, l'enfant doit donner son accord pour tout projet d'adoption le concernant. Avant treize ans, on lui demande son avis, on en parle avec lui, ou on observe ses réactions lorsqu'il n'est pas encore capable de s'exprimer.

J'ai dans mon bureau deux fauteuils en cuir avec de gros accoudoirs. Placés côte à côte, les accoudoirs forment un siège pour enfant. Un jour une enfant de cinq ans entre avec son père et sa mère. Sa mère s'installe à gauche par rapport à moi, son père à droite, la petite fille s'assied au milieu sur l'accoudoir et elle prend les mains de son père et de sa mère. Elle n'a rien dit, elle m'envoyait seulement un message qui signifiait qu'elle avait un père, une mère, et qu'elle voulait rester avec l'un *et* avec l'autre. Le seul problème, c'est que ses parents ne s'aimaient plus et étaient séparés. À travers son message, cette enfant m'a fait savoir qu'elle ne voulait être séparée ni de l'un ni de l'autre. Malheureusement je n'avais pas les moyens d'amener les parents à s'aimer de nouveau ; au mieux je pouvais tenter d'éviter que cette séparation lui fasse trop de mal.

L'enfant peut donc exprimer ses désirs de différentes manières.

Quand l'enfant a plus de treize ans, il faut disposer de son accord. Quand il a moins de treize ans, son avis suffit, et on recueille cet avis de manière différente selon que l'enfant parle ou bien s'il s'exprime par les gestes et son comportement.

Comment êtes-vous devenu juge ?

Je suis devenu juge très simplement : aucun de mes parents n'était juriste, mon père vendait des roulements à billes après avoir été Hongrois et entraîneur de football, ma mère était mécanographe, c'est que l'on appelle aujourd'hui dactylo. Mon frère aîné était devenu chirurgien.

Juste après avoir passé le bac, je suis parti deux jours au Pays Basque, et puis je suis rentré à Paris pour travailler pendant l'été à la Samaritaine. J'avais présumé de mes forces et j'étais plus fatigué que je le croyais. En sortant du train à 8 h après une nuit de voyage et alors que je rejoignais mon travail à la Samaritaine je suis tombé dans les pommes. Les pompiers m'ont emmené à l'hôpital de l'Hôtel-Dieu. Mon frère m'en a fait sortir pour m'emmener en salle de garde à l'hôpital d'Aulnay afin de me requinquer un peu.

Comme je ne savais pas quoi faire à la rentrée, mon frère a convoqué une réunion dans la salle de garde et la question à l'ordre du jour était « Qu'est-ce qu'on va faire du petit » ? Le petit mesurait déjà 1 m 85, à l'époque mais il ne pesait que 85 kilos. Les médecins présents ont donc délibéré sur mon cas. Le problème était complexe. Je ne supportais pas la vue d'une goutte de sang, donc pas question que je sois médecin. Comme je n'étais pas un grand littéraire, pas question non plus de faire des études de lettres. L'un d'entre eux a dit qu'il connaissait un magistrat devenu député et directeur du Centre de formation des magistrats. Il pouvait me le faire rencontrer. Je devais donc aller à l'Assemblée Nationale pour rencontrer... Jean Tiberi. Finalement le rendez-vous a tourné court car le jour J, le médecin qui devait m'accompagner a eu une urgence et finalement, mon entrée dans la magistrature ne doit rien à celui qui devint par la suite maire de Paris.

J'ai donc accepté de m'engager à l'aveugle dans cette voie-là. Je ne l'ai pas vraiment décidé, mais cela ne s'est pas fait non plus contre ma volonté. Parmi les métiers du droit, j'ai choisi ceux de la fonction publique et parmi ceux-ci la magistrature.

La chance a voulu que je réussisse le concours d'entrée du premier coup. Je n'avais que 21 ans. Mais le premier jour, au contact de ce monde si nouveau pour moi, j'ai fugué. Mes amis m'ont remis dans le train pour Bordeaux et j'ai alors cédé et suivi l'orientation qui avait été décidée pour moi.

Au sortir de l'École j'ai choisi la fonction de juge des enfants : l'instruction me faisait peur car je ne souhaitais pas croiser des cadavres, le parquet m'inquiétait par le poids de la hiérarchie, moi qui ne supporte pas d'avoir un chef, et je n'aurais pas pu tenir en correctionnelle car je ne supporte pas longtemps la position assise. Malgré mon inexpérience je sentais que juge pour enfants me correspondait mieux. De plus, c'était un département qui prenait de l'essor dans la magistrature moderne.

Un enfant peut-il être supérieur à un autre ?

Tout dépend de ce que tu entends par le mot « supérieur ».

Plus grand, oui ! Mais l'âge entre en ligne de compte.

Supérieur en intelligence, oui, certains enfants sont surdoués y compris par rapport à des adultes.

Certains vont mûrir plus vite que d'autres, on dit généralement que les filles sont plus mûres que les garçons à un certain âge, et puis les choses se rééquilibrent. Aucun d'entre nous n'est semblable à l'autre.

Tu prends deux personnages de mon âge, deux hommes qui ont le même itinéraire que moi : chacun est différent de l'autre. Pour autant, l'un est-il supérieur à l'autre et en quoi ? L'un sait faire des choses que l'autre ne sait pas faire, et réciproquement. Chacun possède ses qualités et ses compétences. Le mot « supérieur » est très relatif. Je ne sais pas ce que tu cherches quand tu poses cette question.

Je ne pars pas de l'idée que les gens sont égaux, mais qu'ils doivent avoir les mêmes chances. Quitte à être un peu pompeux, c'est la devise de la République : liberté, égalité, fraternité. L'égalité ne veut pas dire que tous les gens sont égaux, mais que l'on tend à ce que chacun ait les mêmes chances que l'autre pour, ensuite, développer ses propres qualités.

Je prends un exemple très simple. L'un de mes meilleurs copains de fac est l'actuel premier président de la Cour de cassation. Il n'y a pas de plus haut magistrat que lui actuellement en France. Je suis bien en-dessous de lui dans cette hiérarchie. Nous en rigolons tous les deux, car il sait que je suis aussi intelligent que lui et qu'il est aussi intelligent que moi. Ceci dit, il est connu dans un cercle restreint comme très haut magistrat et moi, beaucoup de gens me connaissent comme juge des enfants de Bobigny. Alors que veut dire « meilleur » ? L'essentiel est d'être bien dans sa peau. Chacun aura de l'influence sur le terrain qu'il connaît et où il exerce son action.

Pourquoi quand on répond à un adulte, on parle d'insolence alors que quand un adulte nous parle mal, ce n'est pas considéré de la même manière ?

C'est une excellente question et c'est tout le problème : les adultes en général se croient supérieurs aux enfants. Il est vrai qu'ils ont plus d'expérience, de culture et de savoir-vivre que les enfants. C'est logique, ils ont quelques années d'avance. À l'inverse, les enfants sont loin d'être des crétins.

Quand j'étais en Cours supérieur dans les années 1956-1957, peu de personnes avaient la télévision mais mon père en avait trouvé une et je savais la faire fonctionner. Il y avait un poste de télévision au deuxième étage de l'école primaire où j'étais et le professeur ne savait pas s'en servir. Je lui ai appris à se servir d'un poste de télévision. Nous avons pu suivre les premiers enseignements télévisés et... quelques matchs de football comme Angleterre-France perdu 4-0 par la France.

De même, il y a quelques années, on voyait des enfants de 7 ou 11 ans qui apprenaient l'informatique à leurs parents, ou leur montraient comment aller sur internet.

Les adultes sont en situation de responsabilité et celui qui a le pouvoir tend souvent à écraser celui sur lequel il l'exerce. C'est dans la nature des choses, comme l'avait bien compris Napoléon : L'empereur se fait obéir des préfets, les préfets se font obéir des pères de famille, les pères de famille se font obéir des femmes, les femmes se font obéir des enfants. Cette vision verticale du pouvoir est mal vécue aujourd'hui.

Comme je l'ai démontré, les enfants sont des sujets de droit, c'est-à-dire qu'ils ont des droits, des capacités et des compétences, ce qui ne veut pas dire qu'ils doivent décider en tout et pour tout. Ce n'est pas parce que les enfants ont des droits que nous, adultes, n'avons plus de responsabilités.

Que les enfants aient le droit de s'exprimer ne veut pas dire qu'ils ont le droit de dire n'importe quoi sur n'importe qui. Ma femme et moi avons appris à nos enfants à s'exprimer sans dénigrer, sans injurier, sans diffamer. Ils ont le droit d'exprimer leur point de vue, j'ai le droit d'exprimer le mien et, dans certaines situations, il faut des arbitrages.

Celui qui est élu vote la loi, ce n'est pas la rue qui fait la loi, même si elle contribue à la faire ou à la défaire.

Celui qui est en situation de juger juge, ce n'est pas le ministre de l'intérieur qui doit dicter sa décision au juge. À la maison, les enfants donnent leur point de vue, mais ce sont les parents qui décident pour tous les problèmes importants. C'est ce qu'on appelle la démocratie, ce n'est pas le désordre, chacun ne décide pas uniquement pour soi.

Mais certains sont portés à aller un peu trop loin. Puisqu'ils décident, puisqu'ils savent, ils considèrent les autres comme inférieurs. On en arrive à des dérapages : j'ai le droit d'avoir des propos durs, mais si tu as des propos durs, tu m'insultes ou tu es insolent. Les policiers ne doivent pas tutoyer les jeunes, ou alors avec un tutoiement de respect.

Dans mon cabinet par exemple, je tutoie tous les jeunes même ceux qui sont majeurs, mais la manière dont je leur parle leur montre bien que ce n'est pas dans le but de les traiter en inférieurs.

L'autorité ne sera pas restaurée dans notre pays en disant qu'il y a des chefs et des gens qui obéissent. Elle ne le sera que si ceux qui doivent supporter l'autorité ont le sentiment qu'elle est exercée d'une manière juste. Les enfants, par exemple, savent très bien que tout le monde n'est pas riche et intelligent, mais ils veulent que chacun ait sa chance.

Nous pouvons résumer cela sous le mot de « respect ». Tu me respectes, je te respecte et je respecte ton autorité. Aujourd'hui, une des préoccupations de la société est d'amener nombre des jeunes de banlieues qui vivent dans des conditions difficiles sans aucune perspective de changement, à respecter une loi et les porteurs de cette loi que sont les policiers, les juges, les parents ou les enseignants. Mais ces jeunes peuvent-ils la respecter si, de leur point de vue, cette loi est injuste ? Là encore dans une démocratie digne de ce nom, les manifestants ne vont pas prendre d'assaut l'Assemblée Nationale, ils vont vitupérer, chanter, porter des banderoles, ils vont faire pression mais ils ne vont pas lancer des cailloux, injurier ou casser. Il existe des règles du jeu pour exprimer qui l'on est.

Les enfants respecteront les adultes, leurs parents et les policiers s'ils ont le sentiment que l'autorité exercée par les parents, les enseignants et les policiers les protège. Mais s'ils ont le sentiment que les gens exercent l'autorité pour exercer l'autorité, ils ne la respecteront pas.

J'ai entendu la mère d'une jeune fille enceinte lui refuser son accord pour interrompre sa grossesse : « C'est une "salope". Elle doit en baver ! ».

Comme cette femme, certains parents exercent leur pouvoir pour punir un enfant, alors qu'on leur a donné ce pouvoir pour le protéger. De la même manière que l'on peut abuser du droit de propriété, on peut abuser du droit d'autorité parentale. Si je n'abuse pas de mon autorité sur toi, tu me respecteras plus facilement. Je pense que ta question sur l'autorité et l'insolence mériterait d'être débattue publiquement. Actuellement, nous ratons des occasions car nous mettons des unités de CRS là où il faudrait mettre du dialogue.

Si un enfant naît d'un don d'ovocytes, a-t-il le droit de connaître ses parents biologiques ?

Aujourd'hui non, et je milite de longue date pour que cela change. Dans les années 85 nous étions seulement 11 % à y être favorables et à penser que l'enfant né de procréation assistée devait connaître ses origines biologiques. Avec quatre spécialistes j'ai écrit le premier rapport sur ces questions cela fait maintenant une vingtaine d'années. Aujourd'hui, les pourcentages s'inversent : tous les sondages montrent que la majorité des Français sont pour.

La loi ne le permet toujours pas, mais j'ai lu ces temps-ci que, dans le cadre de la révision des lois bioéthiques, il est proposé qu'à partir de dix-huit ans, dans certaines circonstances et si les parents ne s'y opposent pas, les enfants puissent accéder à leurs origines. Nous sommes en train de faire un pas en avant. Et nous ne faisons que suivre ce qui a déjà été incomplètement décidé en 2001 pour les enfants qui ont fait l'objet d'un accouchement sous « X ».

De mon point de vue, ce pas en avant est encore trop modéré. Un enfant a-t-il le droit à son histoire ? Selon moi, chacun d'entre nous est un millefeuille constitué de plusieurs couches. Chaque millefeuille est unique et chacun a le droit de connaître les différentes couches qui le constituent. Ceux qui ne veulent pas les connaître ne sont pas obligés de le faire.

Mon père est né en Roumanie, d'origine hongroise. L'histoire de ma famille paternelle est secondaire pour moi, mais s'avère importante pour mes enfants. Un jour, nous sommes allés en Roumanie et mes enfants n'ont eu de cesse d'aller à la préfecture de Satu Mare pour connaître les noms de leurs grands-parents. Moi, ça m'est relativement indifférent, mais pour eux c'est important. Il n'y avait aucune raison pour que je les prive de leur droit à connaître leurs origines. Je n'ai pas le droit de leur imposer, mais je n'ai pas non plus le droit de leur interdire. Je considère que toute personne qui veut connaître ses origines en a le droit.

Que se passe-t-il dans la plupart des familles de France ? Les gens qui ont été conçus « normalement » se posent tous un jour la question de savoir si leur père est bien leur père et si leur mère est bien leur mère. Un bref regard circulaire sur les photographies de famille montre les yeux, les cheveux, le nez de papa et l'interrogation est terminée. « Mon Dieu ce qu'il ressemble à son père, mon Dieu ce qu'il ressemble à sa mère ». Chacun est rassuré, on passe à autre chose.

Aujourd'hui encore la plupart des enfants de France qui se posent la question de savoir d'où ils viennent, une question sur la vie, et où ils vont, une question sur la mort, n'ont pas de mal à la résoudre. Il suffit de regarder les albums de famille et d'écouter les discussions pour y répondre. Certaines personnes sont en revanche en grande souffrance et, de toutes celles que j'ai entendues, celles qui souffrent le plus sont celles qui ont été adoptées et qui n'ont pas connaissance de ceux qui les ont conçus puis abandonnés. Et puis il y a ceux qui sont nés avec ces techniques modernes et qui ne peuvent pas accéder à leurs origines. Beaucoup estiment qu'en les empêchant de connaître leur histoire biologique, affective, familiale, on leur a volé une partie d'eux-mêmes. Ce qui les choque, c'est que quelqu'un sache, c'est-à-dire possède une partie d'eux, et ne veuille pas la leur donner. Il n'y a aucune raison de ne pas répondre à ce besoin, il faut simplement trouver des méthodes respectueuses pour tous.

Pour le don d'ovocyte, il est clair que l'on doit pouvoir connaître l'origine, et pas uniquement pour des raisons médicales. Il faut bien entendu, dans le même temps, respecter le droit du donneur à ne pas devenir parent.

Cet équilibre a été trouvé dans des pays comme la Suède. Après une première période d'inquiétude sur les conséquences de cette législation, on s'est rendu compte que l'accès aux informations n'a pas entraîné de diminution des dons d'ovocytes. Ce qui est bon pour la Suède ne peut-il pas l'être pour nous ?

Cette possibilité n'en fait pas non plus une obligation. Si quelqu'un n'a pas envie de connaître la personne qui a donné les éléments qui lui ont permis de naître, il en a le droit. Sinon, il faudrait faire un test génétique de tous les enfants de France. Un certain nombre de femmes mariées ont eu des enfants avec des messieurs qui n'étaient pas leur mari. Faut-il aller jusqu'à consacrer de manière absolue le droit de tout enfant à connaître ses origines ? Je conçois qu'à l'Assemblée Nationale ils hésitent à voter la loi. Mais la question qui a été posée est fondamentale.

J'ajoute un détail majeur : connaître sa filiation ne veut pas dire créer un lien de filiation avec le parent. Dès lors, il n'y aura pas d'obligation alimentaire pour le géniteur au profit de l'enfant, ni de pension alimentaire dans l'autre sens si un jour le donneur d'élément de vie s'avère être dans le besoin.

Est-ce qu'un adulte a le droit de mentir à un enfant sur son histoire ?

Ta question demande deux niveaux de réponse.

En droit, je ne connais pas de loi en France qui interdise à un adulte de mentir. Mentir est même un droit majeur reconnu en justice à tout intéressé qui se voit être poursuivi. La défense est libre des voies qu'elle choisit. La loi ne condamne pas ceux qui mentent, sauf s'ils mentent sous serment, mais c'est autre chose. Les témoins prêtent serment ; pas les accusés ou les prévenus.

Vous savez qu'il faut avoir seize ans pour prêter serment lorsqu'on est amené à témoigner en justice. Mentir est alors punissable.

Un adulte peut mentir à un enfant sans être pénalement punissable. Est-ce pour autant une bonne chose ? Dans certains cas, il faut savoir se taire, mentir par omission. Il est des situations dans lesquelles nous ne pouvons pas dire toute la vérité, parce que les personnes en face de nous n'y sont pas préparées. Ce n'est pas pour leur faire du mal, mais pour les protéger.

De mon point de vue, il est souvent plus facile de gérer la vérité que d'assurer le service après-vente d'un mensonge.

J'ai encore à l'esprit un exemple que j'ai rencontré au début de ma carrière. Une enfant de quatorze ans avait appris par sa voisine que sa mère n'était pas sa mère, mais sa belle-mère. Il est évident que dans cette période difficile qu'est l'adolescence, elle a eu le sentiment que cette femme qu'elle avait toujours tenue pour sa mère et aimée comme sa mère, lui avait menti sur quelque chose d'essentiel, et elle a vécu ce mensonge comme une trahison. Non pas que cette femme ne l'aimât pas, il ne faut pas tout confondre. Une mère biologique éprouve un amour différent de celui que peut éprouver une mère sociale et affective. Il eut été plus intelligent de dire la vérité – c'est d'ailleurs ce que l'on conseille aux gens lors d'une l'adoption ou quand il y a procréation assistée – plutôt que de mentir et prendre le risque de laisser éclater la vérité dans des conditions non maîtrisées.

À un enfant adopté, il faut dire que sa mère n'a pas pu l'élever, mais que ce n'est pas pour autant qu'elle ne l'aimait pas, qu'elle l'a protégé ainsi, qu'elle ne pouvait pas faire autrement. Et que ses parents adoptifs, l'aiment comme de vrais parents. Ceux qui lui ont donné la vie l'aiment d'une certaine manière, ceux avec lesquels il vit l'aiment d'une autre manière, et ceux qui n'ont vécu que quelque temps avec lui l'aiment encore différemment.

Je ne crois pas que ce soit une bonne chose de mentir aux enfants. Mais il faut avoir l'intelligence d'adapter la réponse à chaque situation, Je pense que la ligne de conduite est de dire la vérité et qu'ensuite il faut savoir être intelligent.

A-t-on le droit de voyager seul à l'étranger quand on a moins de dix ans ?

Oui, rien ne l'empêche. On peut être seul à l'étranger quand on a moins de dix ans. Cependant, la question est de savoir comment on a préparé le voyage.

Tu as deux hypothèses : soit tu es parti avec l'autorisation de papa et maman, soit tu es parti sans l'autorisation de papa et maman.

La seconde hypothèse est appelée une fugue. Ce n'est pas un délit, mais elle peut amener les parents à faire rechercher leur enfant par la police. La fugue peut être dangereuse et provoquer des catastrophes. On se cache, on rencontre des gens pas toujours recommandables qui d'une manière ou de l'autre tenteront de profiter de la situation. Certains jeunes l'ont payé très cher ; parfois de leur vie.

Mais dans certains cas, il se peut qu'on soit à l'étranger sans ses parents mais avec leur accord.

J'ai passé toutes mes vacances d'enfance au Pays Basque, et à l'âge de dix ans, j'allais quotidiennement de Saint-Jean-de-Luz à Irun en passant la frontière tout seul. Je l'ai fait je ne sais combien de fois pour acheter des cigarettes, du chocolat ou des raisins. Aujourd'hui c'est encore plus facile puisque les postes frontières ont disparu, mais pas les contrôles volants. Dans les pays de l'espace Schengen, il faut disposer d'une carte d'identité avec une autorisation parentale signée en mairie, parfois d'un passeport qui vaut autorisation parentale de sortie de territoire

De manière générale, il n'existe pas un parent qui, ayant les pieds sur terre, envoie son gosse tout seul à l'étranger sans un solide dispositif d'accompagnement. Si on ne peut pas être dans le train ou l'avion avec lui, on peut avoir recours aux services de la SNCF ou d'Air France. On appelle cela un voyage accompagné et l'enfant n'est pas seul.

Un parent qui laisserait son enfant partir tout seul à je ne sais combien de kilomètres sans avoir mis en place ce dispositif de protection serait irresponsable.

Pouvez-vous citer quelques droits de l'enfant ?

Je crois l'avoir fait dans mon intervention première mais je veux bien reprendre les principaux qui me viennent immédiatement en tête.

Tu disposes de droits que tu peux exercer tout seul comme par exemple celui de t'exprimer, ce que tu viens de faire en respectant certaines conditions : tu n'as injurié personne, tu n'as posé aucun problème.

Dans certaines circonstances tu as le droit d'être protégé ou de dire que tu as été victime de telle ou telle chose et de porter plainte. Le procureur appréciera les suites à donner à cette plainte, qu'il la tienne pour fondée ou non. Si c'est le cas il aura le double souci que cela ne se reproduise pas mais aussi que ceux qui ont abusé de leur force à ton égard soient punis et que ton préjudice soit réparé.

Tu as le droit de saisir un juge pour enfants pour demander qu'une procédure d'assistance éducative soit engagée dans le but de te protéger. En revanche tu n'as pas le droit de demander à un juge d'instance de prononcer ton émancipation. Seul l'un de tes parents peut enclencher la procédure au cours de laquelle on te demandera ton accord. Tu peux demander protection à un juge des enfants, mais tu ne peux pas être libre sur le plan juridique !

Tu as le droit d'acheter les choses qu'un enfant de ton âge achète. Je me répète : un enfant de treize ou quatorze ans vient casser sa tirelire pour acheter un ordinateur, le vendeur est-il en droit de le lui vendre ? Non, c'est la question de la capacité juridique de l'enfant à accomplir les actes de la vie courante. A priori, un enfant a toujours besoin d'être assisté ou représenté quand il accomplit des actes. Mais certains actes ne prêtent pas à conséquence, comme aller acheter le pain ou le journal, comme d'acquérir une carte de transport ou des vêtements.

Un enfant peut consulter un médecin et même demander le respect de la confidentialité vis-à-vis de ses parents. Une jeune fille peut interrompre sa grossesse dans le respect des règles de procédure fixées par la loi. Des jeunes gens mineurs peuvent accéder à la contraception d'une manière libre, gratuite et anonyme.

Un mineur peut adhérer à une association voire créer une association et en être dirigeant. En revanche, même émancipé, il ne peut pas être commerçant.

Voilà donc toute une série de droits reconnus aux enfants.

Certains sont absolus : tu peux les accomplir tout seul sans qu'on te demande de comptes.

D'autres doivent être accomplis avec tes parents : il faut l'accord de l'un ou l'autre de tes parents et le tien.

Troisième possibilité : tes parents te représentent, ils exercent tes droits à ta place, mais tu as ton mot à dire. Par exemple, si les parents veulent inscrire leur enfant dans un établissement scolaire, l'enfant a le droit d'exprimer son point de vue, s'il veut poursuivre ses études ou aller en formation professionnelle. Soit les parents cèdent, soit c'est l'enfant et, s'il y a un vrai problème, un juge arbitrera.

On le voit les droits de l'enfant ne s'inscrivent pas seulement dans le domaine de la protection de son corps. Tu as le droit de ne pas être maltraité, de ne pas recevoir de coups, de ne pas être injurié, d'être respecté dans ton corps. Tu as aussi le droit à la protection de ton environnement familial (on ne peut pas manipuler ton identité, on ne peut pas t'enlever à ceux qui sont en droit de t'héberger), et de ton environnement social (on doit faire en sorte d'éviter toutes agressions ou provocations envers un enfant).

Certains sont appelés des droits-liberté (par exemple liberté d'opinion, d'expression) d'autres droits-prestation (accès aux soins, éducation, etc.)

Est-ce que les enfants de moins de douze ans ont le droit de manifester ?

À cette question qui est tout à fait d'actualité, la réponse est oui.

L'article 12 de la Convention Internationale des droits de l'enfant qui se trouve dans ce petit opuscule dit que « *les enfants ont le droit de manifester leurs opinions dès lors qu'ils ne portent pas atteinte à l'ordre public. Les États parties garantissent à l'enfant capable de discernement le droit d'exprimer librement son opinion sur toute question l'intéressant, les opinions de l'enfant étant dûment prises en considération eu égard à son âge et à son degré de maturité. À cette fin, on lui donnera notamment le droit d'être entendu dans toute procédure judiciaire l'intéressant soit directement soit indirectement*». L'article 14 dit : «*Les États parties respectent le droit de l'enfant à la liberté de pensée, de conscience et de religion. Les États respectent le droit de devoir des parents, notamment des représentants légaux, de guider ceux-ci dans l'exercice de leurs droits. La liberté de manifester ses convictions ou sa religion ne peut être soumise qu'aux seules restrictions prescrites par la loi et qui sont nécessaires pour préserver la sécurité publique*». Pour répondre encore plus précisément à ta question, je lis l'article 15 : «*Les États parties reconnaissent le droit de l'enfant à la liberté d'association et la liberté de réunion pacifique*». Dès lors que tu n'injuries personne, que tu ne lances aucun cocktail Molotov, rien ne t'interdit de manifester. La loi ne te l'interdit pas, mais elle te dit à toi comme à tout autre que, dans un pays démocratique, on manifeste de manière démocratique sans injurier, sans diffamer et sans casser. Tu as le droit de manifester à la maison, dans la rue, à l'école. Et si les adultes sont intelligents, ils canalisent ce droit de manifester pour éviter la révolution. C'est tout le débat du syndicalisme et du droit d'association. Plus les enfants s'associeront, plus ils s'inscriront dans des projets collectifs sur la durée, moins ils iront faire mai 68. En respectant les droits des gens on évite la révolution.

Table des matières